洋服の上にそのまま着るだけ

さんかくキモノのススメ

著 さんかく

着飾って 出かけよう
今日は洋服？
それとも キモノ？

装うよろこびは自分のために

アンティーク着物、アンティーク帯締め／キモノ葉月 大塚　半衿にしたアンティークはぎれ／ロマデパ（大正ロマン百貨店）　名古屋帯／モノ バイト モノスケ　タイツ／アビエタージュ　シューズ／ジェフリーキャンベル　帽子／大須の古着屋さん　チョーカー／ミルハエ　アームカバー／アビエタージュ　リボンバングル／アンドリーニャ　バッグ／マークジェイコブス　アウター／MM6

夏の暑さからは逃げられない
どうせ汗だくになるなら
いっそ浴衣でいい

蛇籠と鮎柄浴衣／キモノ葉月 大塚　博多紗献上半幅帯／竺仙　下駄／ローブジャポニカ　アタかごバッグ／秋田のべに屋　さんかくかんざし／「キロハ狐×さんかく」コラボ　バレッタ／どこかの手芸店

目立つと言われても
だから何だというのでしょうか
キモノを着るのに必要なこと
それは少しの勇気と反抗心

着物、帯締め／キモノ葉月 大塚　帯／MIKAZO商店　コート／きものBebe　シューズ／ジェフリーキャンベル　マフラー／母の私物

さんかくキモノ十か条

一、無理しない

気分じゃなかったら着なければいいし、外出先で疲れたら脱いでもいい。帯が難しかったらベルトでいいし、草履じゃなくて靴でもいい。

二、TPOは死守せよ

友達と遊ぶときや、推しのライヴなら好きにしよう！　ルール厳守のあらたまった場では、主役の方やまわりを不快にしないことを第一に考えた装いが大事ではないかと思います。

三、テーマを決めてコーデを決める

ひとつテーマがあるとコーディネートを決めるのが楽になると思います。「妖怪」「さつまいも」とモチーフを設定したり、締めたい帯を決めてそれに合わせるとか。洋服でも一緒ですね。

四、キモノだけで考えない

キモノと帯だけではなく、全身を考えてみることが大事だと思います！　凝ったことはしなくてもいいけど、靴下や履き物の「足もと」、髪型やアクセサリーまでがセットです。

五、ヘアメイクはキモノに合わせる

キモノと同じ色のアイシャドウをちょっとのせたり、アイラインを引いたり。アンティーク着物だからレトロにアイラインを太くしたり……。ほんの少し変えるだけで楽しいものです。

六、正反対のものを混ぜるとカワイイ

レトロとモダン、和と洋など。たとえば、おばあちゃんお下がりの昭和のキモノに、現代もののプリントの帯を締めるといきなりモダンになり、簡単に可愛くなると思っています。

七、色を合わせるとなんとなくまとまる

キモノの中にブルーのハイネックセーターを着ていたら靴下もブルーにするとか、キモノに赤色が入っていたらピアスも赤にするとか、ちょっとした部分でも色を合わせると、なんとなく統一感が出ます。その際、明度と彩度も意識してみて。

八、失敗を恐れるな

キモノは「慣れ」なので、まずは勇気を出してみるのが大事。初心者のうちは失敗することもあるけど、失敗から学ぶことはたくさんある。失敗も人それぞれ違うのでね。

九、他人はそんなに自分を見ていない

他人に「なんか変だ」と思われたとして、それがどうだというのでしょうか。という気持ちで日々色々着ています。大丈夫、人はあなたのことをそんなに見ていないし、気にもしていないから……。

十、キモノは一生勉強

帯結びの方法や、生地の産地や歴史など、ワクワクする学びが沢山あります。好奇心を持って楽しく勉強していたら健康で長生きできそうじゃないですか。

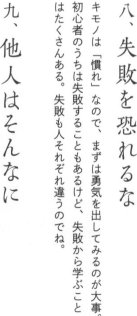

○でもない、×でもない、さんかくのキモノ

「さんかくさんの動画をみてキモノを着始めました」

……というお言葉を、本当によくいただくようになりました。

私自身は単なる一介のキモノ女子、キモノ愛好家であり、

着付けの先生でも着物屋さんでもありません。

写真家の仕事をしながら、プライベートで

「普段キモノ」を楽しみ、発信していたのですが、

まさかこんなに多くの方に見ていただけるとは思っていませんでした。

発信しているのは「正しい着方」や「伝統的な着物」ではなく、

「いかにラクして、好きなキモノを楽しむか」ということ。

ですからこの本でもただひたすら

「キモノって楽しい」ということを伝えていけたらと思っています。

INTRODUCTION

私のキモノは○じゃない。もちろん◎じゃない。
全然キッチリは着てないし、色々なものが混ざっているから
「正解の着物じゃない」と思う人もいると思います。
でもそれでいい。○じゃないけど×でもない、ゆるい△のキモノです。
自分のために着ているキモノだけど、TPOは何より大切に。
行き先や、その日会う人に合わせてキモノを決めるのは、
相手や場所への想像力と思いやりだと思います。

この本はさんかくの日頃のキモノ生活を紹介している本であって
「指南本」ではありません。単なるキモノ愛好家のいち意見として
ご覧いただければ幸いです。
体型や体質は全員違うので、「万人に合う完璧な方法」はまずないです。
着付けの先生や、着物の専門家の方などのメソッドも取り入れていただき、
自分に合うかたちを見つけてくださればと思います。

目次

CHAPTER 2

CHAPTER 3

CHAPTER 4

CHAPTER 1

洋服の上からキモノを着こなす

「洋服の上からキモノ」のススメ

BEFORE

襦袢を着て
キモノをはおる（P76）

AFTER

「キモノを着てみたい！」と思ったら、あまり深く考えずにいつもの洋服の上にはおってみて。腰紐をしたら、あっという間にキモノのシルエットが誕生！　そして帯を締めれば完成！　もうそれだけで、キモノデビューって言っていいと思うのです。

洋服を着ておくメリットとは？

① 脱げる

着慣れていないときや、前後の予定があるとき。万が一具合が悪くなったとき……。下に洋服を着ていれば、いつでも脱げるし、脱がなくても「脱げるという安心感」があります。

② コストがかからない

襦袢《じゅばん》や下着などキモノ用のアイテムを揃えるには、それなりにコストがかかるもの。洋服をインナーにすれば、キモノ1枚、帯1本（と腰紐）だけでキモノが始められちゃいます。

③ 着付けがカンタン

キモノを「正しく」着ようとすると「衣紋《えもん》」（P103参照）を抜かなくちゃと思うのですが、初心者には難しいポイント。洋服の上からなら、衣紋があまり抜けてなくても〇K。

洋服は何を着ればいい？

トップスはシャツやタートルネックのニットなど、なるべく身体にフィットしたものがキモノの中でもたつかずグッドです。ボトムはタイトスカートやスキニーパンツなどフィットしたものか、薄手素材のパンツを合わせることが多いです。

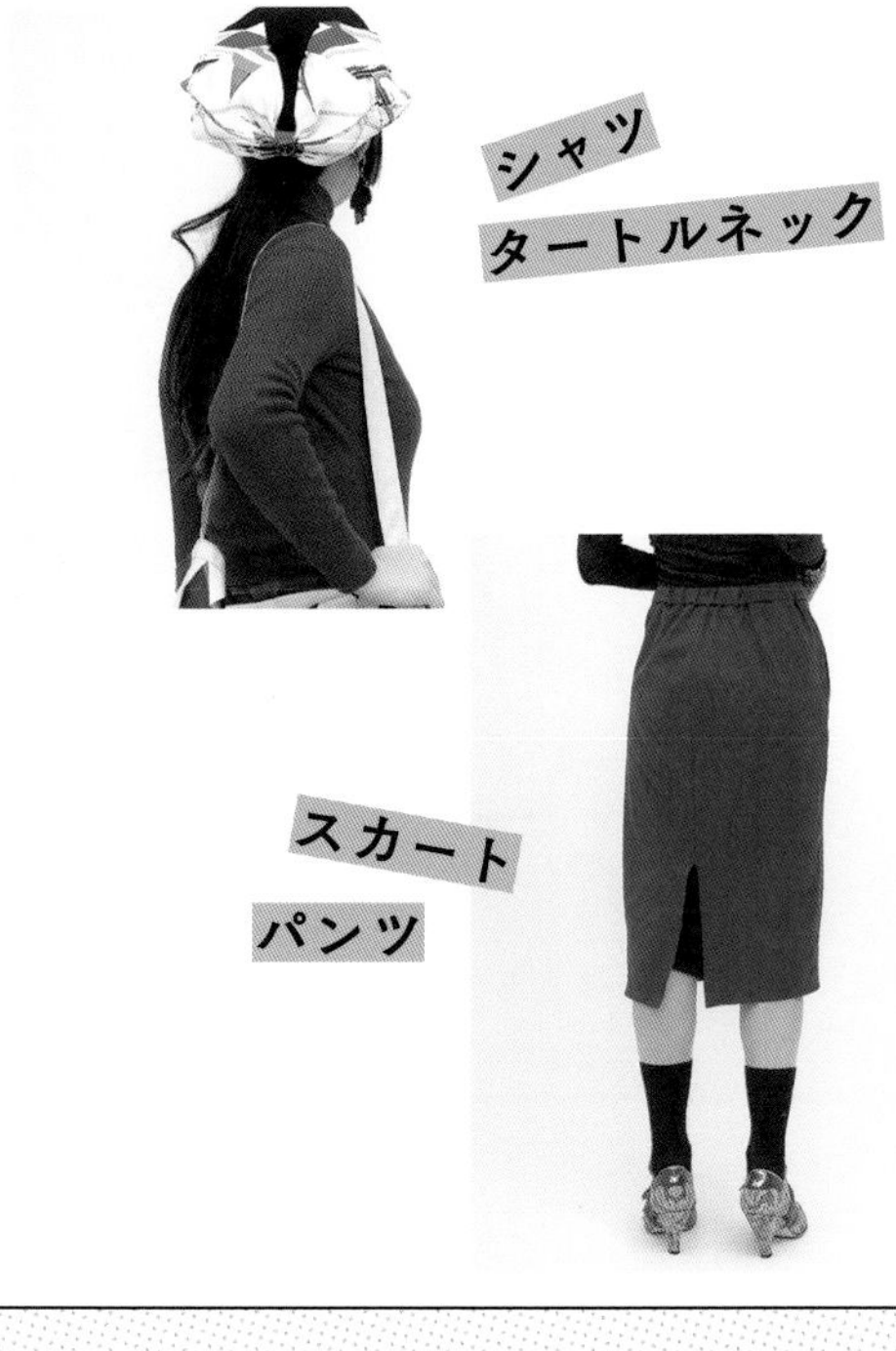

COORDINATE 1

冬の大定番！ タートルニットとキモノ

違和感なく街に溶け込んでいる（つもり）

POINT 1

首もとがあったかいのが最高。タートルのときは衣紋はあまり抜きません。

POINT 2

キモノを脱ぎたくなったら、畳んでざっと入れておける大きめの肩掛けバッグがあれば安心。

POINT 4

帯はayaayaさんの「帯結ばない帯結び」。ゴムベルトで留めるだけだから簡単。

Instagram:@ayaayaskimono

POINT 3

手首の防寒もばっちり。裄《ゆき》が短くても気にしないで着られちゃいます。

冬の首もと寒い~問題を解決してくれる
タートルインは、男女問わずおすすめ。
地味めな紬キモノも、
赤の差し色でスパイスの効いたコーデに。

BEFORE

赤いタートルと黒スキニーで、懐かしのリセエンヌスタイル。

紬着物、半幅帯／リサイクル　ベルト／古着屋さん　タートルニット、スキニーパンツ／ユニクロ　ソックス／渋谷のどこか　シューズ／ドクターマーチン　帽子／カラフルブティック モア　ピアス／チャキラッチョ　時計／Love Watch　バッグ／ローブジャポニカ

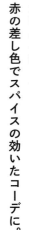

COORDINATE 2

定番だけどちょっと凝ってみる
ボディースーツとキモノ

キモノに合わせやすいハイネックでも、あえて難しめのボディースーツをチョイス。首もとや手もとからチラリと見えるデザインが、コーデの完成度を高めてくれます。

あこがれの、蛇女になりたいの

POINT 1

ファラオっぽく、手もとにいろいろ重ねてみました。

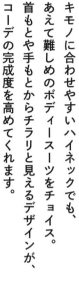

POINT 2

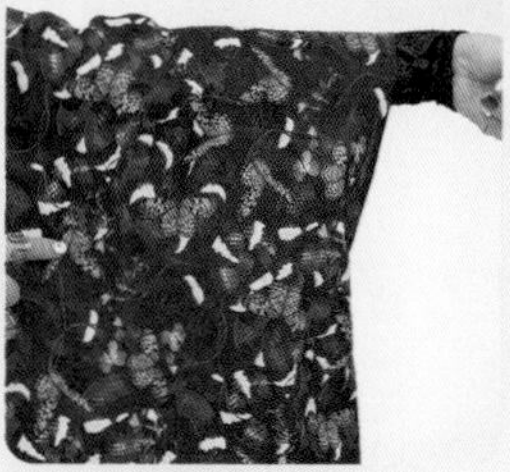

よ〜く見ると、蝶と赤い蛇が
隠れているけど、見える？

POINT 3

キモノの柄に合わせて、
シューズも蛇っぽいものを
セレクト。

BEFORE

身体にフィットするから、キモノを重ねても着ぶくれしません。

蝶と蛇柄浴衣／ローブジャポニカ　兵児帯／ルミロック　タートルボディースーツ／メディニウム　タイトスカート／GU　ソックス／ハッピーソックス　シューズ／ヴィヴィアン・ウエストウッド ワールズ・エンド　ブレスレット／タイの屋台　指輪／チープで可愛いのをいっぱい

COORDINATE 3

フリルブラウスの上から着る

和洋折衷の大正浪漫風

自由に着る空気感が今と通じているから、
大正浪漫コーデが大好き。
どんなキモノでも受け止めてくれる、
白のフリルブラウスは1枚あると便利。

POINT 1

スタンドカラーで前フリルのシャツは、衿合わせがしやすい。

POINT 2

和洋折衷のときは足もとを洋靴にすると、イメージがまとまりやすい。

アンティークの青色に惹かれ続けています

BEFORE

そのままでもシンプル
可愛いけど、キモノを
着るともっと可愛い！

アンティーク着物／戻橋３階　アンティーク羽織／戻橋１階　半幅帯、ブラウス／カラフルブティック モア　帯締め／コンサバ着物期に購入　レースパンツ／しまむら　タイツ／アビエタージュ　靴／ジェフリーキャンベル　ピアス／シスター社　バッグ／「石原七生×三村養蜂場の」コラボ　バレッタ／どこかの手芸店

POINT 3

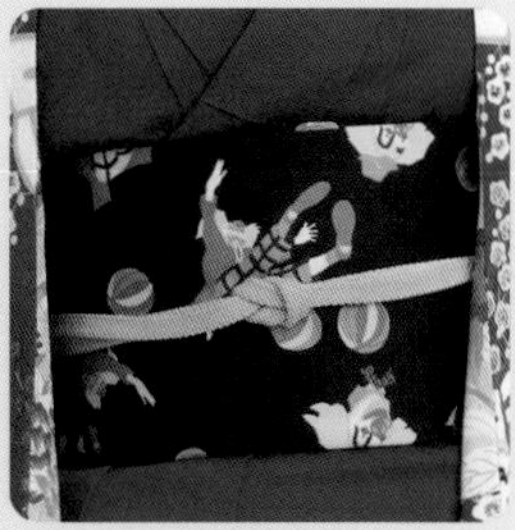

ピエロ柄の半幅帯。アンティークではない帯も組み合わせてみて。

COORDINATE 4

かっちりシャツにサスペンダー

少年装の世界へようこそ

昔の少女漫画大好き
ギムナジウム知ってる？

モノトーンのキモノと帯に、
白シャツやサスペンダーなどを合わせ、
耽美な雰囲気の少年装に。
衣紋は抜かず、シャツのボタンは
全部留めるのがポイント。

POINT 1

伊藤晴雨現代版といった絵がクールです。

動画はこちら

POINT 3

髪につけたリボンを蝶ネクタイにしても可愛いかも。

BEFORE

キモノの下はやっぱりタイトスカートが便利。

POINT 2

帯は貝の口結び（P112参照）でコンパクトに。サスペンダーは帯を傷める可能性があるので自己責任で。

紗袷着物／ローブジャポニカ　半幅帯、タイツ／重宗玉緒　白シャツ／マックスマーラ　スカート／ViCCLO　サスペンダー／ハンドメイド作家もの　ピストルピアス／シスター社　はさみ指輪／TUN　リボン／カラフルブティック モア　オックスフォードシューズ／シスレー

COORDINATE 5

しんどくなったら脱げばいいのよ
ワンピースの上にキモノ

「どうしてもキモノが着たいけど、1日中着ていたら疲れちゃうかも」。そんな日はワンピの上からキモノをオン。いつでも脱げる安心感♪

赤×黒が落ち着く配色

POINT 1

帯はやわらかい兵児《へこ》帯、キモノはシワが気にならないウールがおすすめ。

動画はこちら

BEFORE

袖や衿が可愛くて、スカート部分のボリュームがあり過ぎないワンピを選びます。

POINT 2

レース模様のタイツは、キモノから見えても可愛くまとまります。

POINT 3

帯さえもしんどいときは、ゴムベルトにしちゃうのもアリ。

ビクトリアンワンピース、タイツ／アビエタージュ　ウール着物／キモノ葉月 大塚　兵児帯／ルミロック　シューズ／MM6 ヴィンテージの帽子／セルーバ　ピアス／シスター社

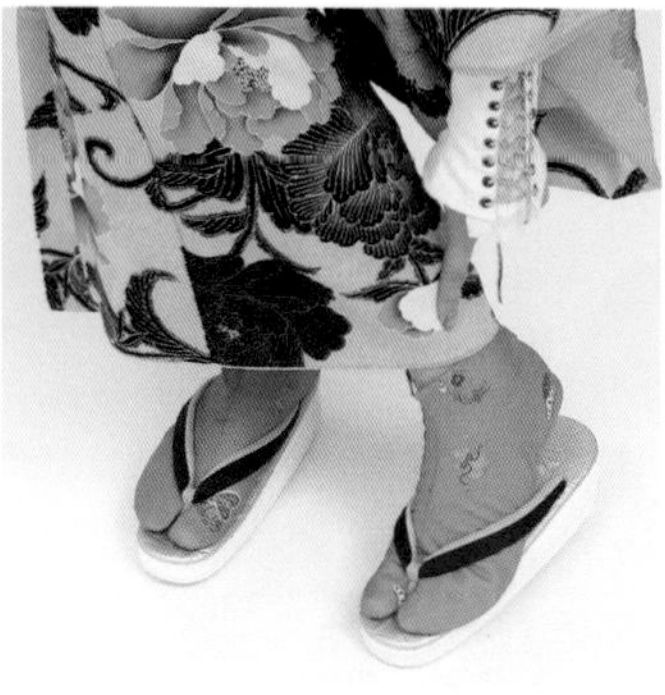

キモノに合わせた
足もとについて

キモノには和の足もと……とは限りません（むしろ靴を合わせていることの方が多い）。ここでは登場回数の多い、さんかく的「キモノに合う」足もとをご紹介します。

A

B

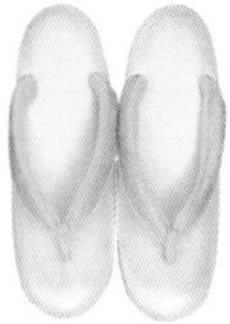

C

D

E

F

G

H

I

COMMENT

A. PUMAのスニーカーはボリュームのあるデザインと色が可愛い。 **B.** フォーマル草履。たしか浅草の履物屋さんで購入。 **C.** ヴィヴィアン・ウエストウッド ワールズ・エンドのブーティー。猫脚デザインに蛇柄がたまりません♡ **D.** メゾンマルジェラのタビシューズ。フラットで歩きやすいし、着物にもよく合う。 **E.** モノ バイ トモノスケの草履は、左右異なる柄でおしゃれ！ **F.** MM6の厚底シューズはソックスを見せられるのも良き。 **G.** スポーツマックスのブーツ。どんな着物にも合わせやすい万能デザイン。 **H.** 菱屋カレンブロッソのカフェぞうり。定番ですがやっぱり歩きやすい。 **I.** ドクターマーチンのブーティー。シンプルで着物スタイルを邪魔しない。

はきもの紹介

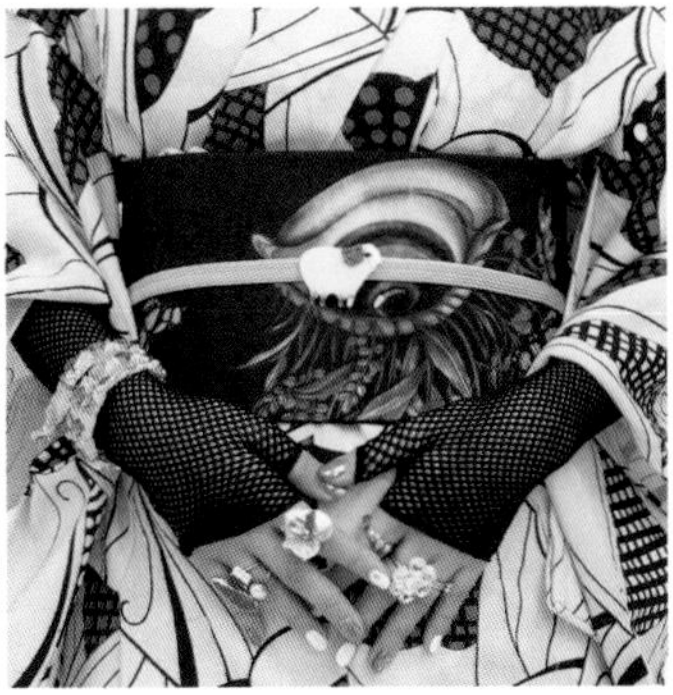

キモノを彩る

小物について

キモノを引き立てるのは、帯締めや帯留めといったキモノ小物だけではありません。普段から愛用しているアクセサリーや帽子などのアイテムもご紹介します。

帯締め

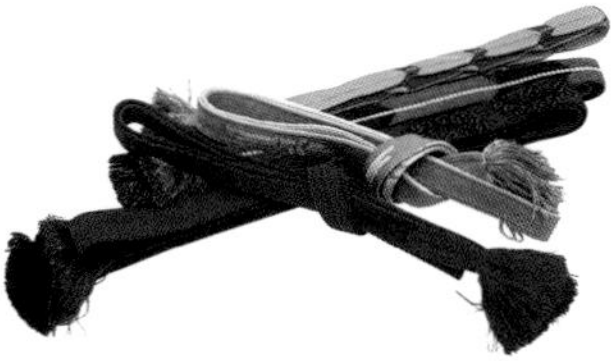

帯留め

COMMENT

名古屋帯が苦手で半幅帯ばかり結んでいた頃、「帯締めがあればキモノっぽい……！」という不埒な気持ちで帯締めを使っていました（笑）。今はコーディネートの精度を上げるための必須アイテム。明度と彩度にこだわります。帯留めはコーディネートに物語を加えるモチーフ。欲しいものがないときは自分で作ることも。

帽子やアクセサリー

COMMENT

アクセサリーも、それだけで物語が生まれそうなものに惹かれます。「アンドリーニャ」「チャキラッチョ」「シスター社」などは怪しいモチーフが多くて大好き。帽子はコーデのテイストに合わせてチョイス。また髪型に時間がかけられないときなどは、即おしゃれになれる「カラフルブティック モア」のベレー帽が大活躍。

COORDINATE
6

思いきりよく、短く
モードに着るモノトーンコーデ

丈短めは
雨の日も安心

POINT 1

ハーネスをすることで、モード感をプラス。

POINT 2

下にはいているスカートと同じぐらいの丈感にしています。

動画はこちら

黒いキモノは喪服っぽく見えないようにするのが大命題。丈は思いっきり短くして、帯の上からハーネスを装着すれば、おしゃれに見えてきません？

POINT 3

いつもより衣紋は控えめに抜きます。

BEFORE

キモノを脱いでもあまり印象が変わらない、ぐらいがちょうどいい。

POINT 4

ちらりと見えるソックスのストライプ模様もコーデのポイント。

絽の着物／きものなかむら東京店　染名古屋帯／戻橋３階　帯締め／コンサバ期に購入したもの　ハーネス／ノワール ケイ ニノミヤ　メッシュトップス／リトマス　スカート／購入元不明　バッグ／シャネル　ソックス／アディダス　ブーツ／スポーツマックス　蛇のバングル／タイで購入

COORDINATE 7

祝！ YouTubeから銀の盾

テーマ優先のシルバー尽くし

再生マークも
さんかく！

POINT 1

クセ強なシルバートップスは、チラ見せがちょうどいい。

POINT 2

流れゆくインターネット、SNSの世界を流水柄で表しました。

動画はこちら

YouTubeから「銀の盾」をいただいた記念の銀色コーデ。
絽《ろ》のキモノは夏用ですが、テーマや気温を優先します。嬉しさ、伝わってるかな？

POINT 3

次は金の盾を目指すぞ！　という気持ちで、アクセはゴールドに。

BEFORE

友だちに「消防士？」って聞かれたシルバーのトップスと、marmariのパンツ。

絽着物／キモノ葉月 大塚　兵児帯／ファニーココ　ベルベット羽織／ローブジャポニカ　ノースリーブカットソー／Fille A Suivre　パンツ／マルマリ　カチューシャ、ネックレス／アビエタージュ　カミソリピアス／チャキラッチョ　ブレスレット／トモノスケさんからいただいたもの　時計／Love Watch　ソックス／アンティパスト　シューズ／ドクターマーチン

COORDINATE 8

好きを重ねて アンティーク・ロリィタ風

好きだけど似合わないと思っていたロリィタ。キモノと仲良くしているうちに身近になりました。アンティークならではの色柄がロリィタにぴったり。

POINT 1

帯をリボン（文庫結び）にしたので、頭にも大きなリボンを。首もとはネックコルセットでブルーをプラス。

ロリィタフレンドとお出かけ♡

POINT 2

アームコルセットは、裄の短さをカバーしてくれます。

OUTER

チャイナカラーのアウターをはおれば、ロリ度控えめに。

POINT 3

まさかのロリィタブランドの足袋。色がぴったり♡

アンティーク着物／キモノ葉月 大塚　兵児帯／撫松庵　帯締め代わりのガーターベルト／ミルハエ　帯飾り／ハンドメイド作家もの　足袋／アリス アンド ザ パイレーツ　草履／菱屋カレンブロッソ　ヘッドドレス／ユミニク　ネックコルセット、バッグ／アビエタージュ　アームコルセット／マッサージングカプセル　ピアス／アポリア　扇子／ベビードールトウキョウ　チャイナコート／ローブジャポニカ

COORDINATE 9

レースを重ねてドレッシーに 黒キモノでゴシック・ロリィタ風

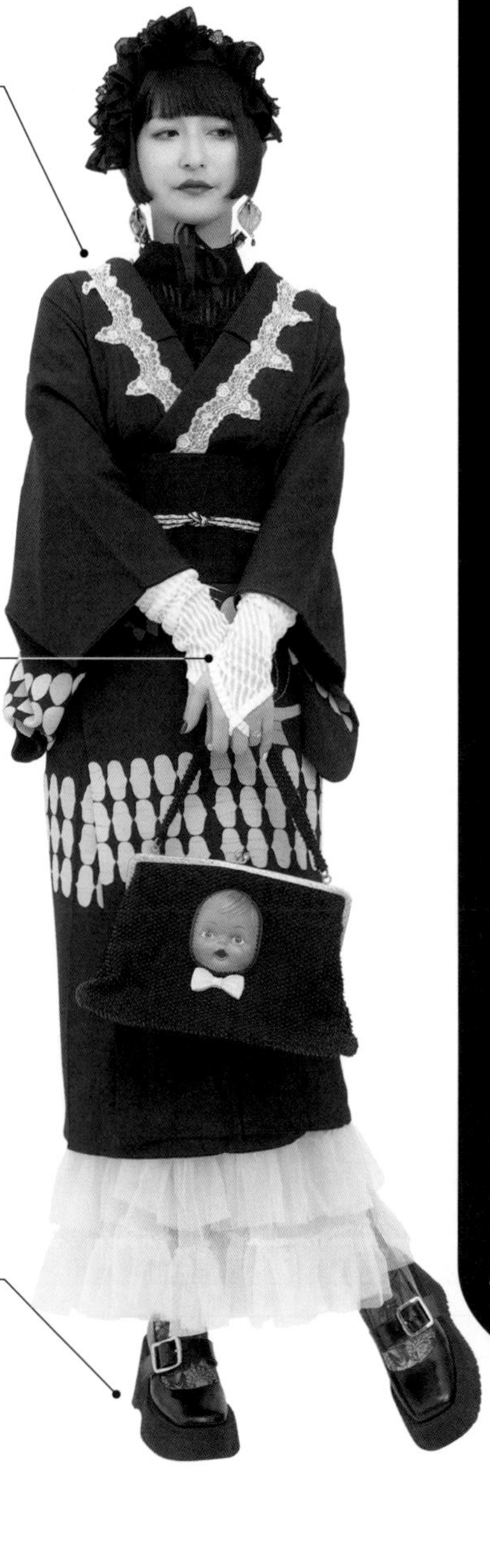

POINT 1

レースはキモノを着たあとから挟むだけ。着るときにコーリンベルトで留めてもいいかも。

POINT 2

レースの色に合わせたアームカバー。

POINT 3

イラストレーター千秋薫さんの「鰐《わに》と蜥蜴《とかげ》のタイツ」。

ヘッドドレスがアクセント

黒キモノは、衿の上にレースを重ねると一気にゴシックムードに。下にはいたティアードスカートを多めに見せることで、黒と白のバランスを調整してみました。

POINT 4

お気に入りの顔バッグはシスター社のもの。

BEFORE

キモノを着ないほうが、ちょっと甘めに見える。

セミアンティーク着物／きものなかむら東京店　名古屋帯／hata no ne　帯締め／コンサバ期に購入　古着の黒トップス／セカンドストリート　シフォンティアードスカート／楽天のどこか　ヘッドドレス、レース手袋／アビエタージュ　バッグ／シスター社　タイツ／千秋薫　シューズ／MM6

COORDINATE 10

キモノ姿がガラリと変わる 帯代わりのコルセット

POINT 1

コルセットとお揃いのネックコルセット。アクセサリーはキモノでもつけやすいロングネックレスをチョイス。

POINT 2

コルセットはしっかり締めて、くびれを出すのが美しい。手もとの宝石っぽさにも注目。

ゴシックな世界へ ようこそ

纏《まと》うだけで優美な印象を与えてくれるコルセット。
シフォンキモノに合わせたら、
国も時代も超越したミステリアスな装いになりました。

POINT 3

アクセサリーのほか、バッグもゴールドで揃えて。

BEFORE

コルセットは洋装のアクセントとしても優秀なアイテム。

シフォン着物／ローブジャポニカ　コルセット、ネックコルセット、ネックレス、中に着たトップス、ソックス、ガラスタッセルピアス／アビエタージュ　スカート／メディニウム　シューズ／MM6　バッグ／フワリ　バングル／インドで購入　リング／Janti Jewel

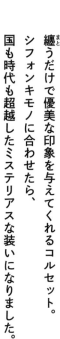

ARRANGE

気軽なコルセット“風”ルック

本格的なコルセットには手が出しづらい……。
そんな方は手軽なコルセット風ベルトからトライしてみて。

ベビードールトウキョウの帯バッスルをつければさらにゴージャスに！

帯バッスルをコルセット風ベルトの上につけるだけ。

バッスルを衿のように使うと、また違う印象に。

ARRANGE

コルセットいろいろ

ネックコルセット

腰のコルセットより着脱も簡単で、首もとにアクセントを加えられます。寒い日のお出かけの防寒対策としても。すべてアビエタージュのものです。

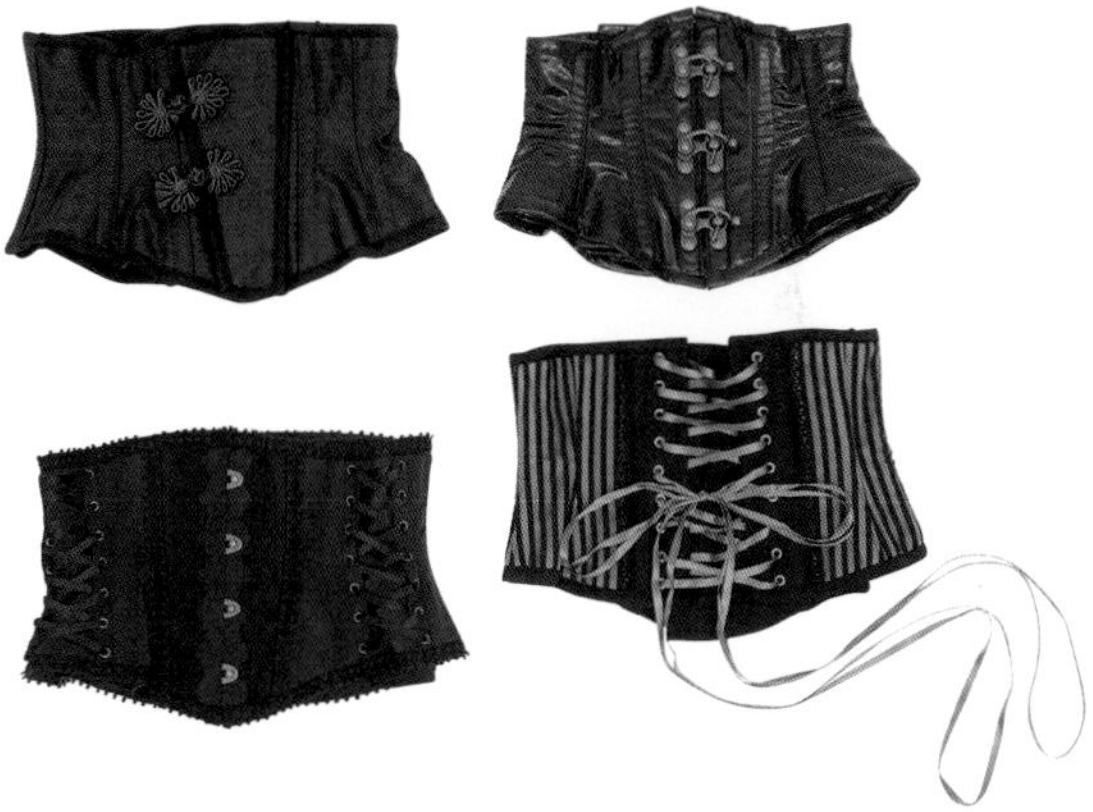

本格コルセット

重厚感あるバスク（金具）が付いた本格的な見た目のもの。帯代わりに使うことで、美しいシルエットが完成します。こちらもアビエタージュのものです。

コルセット風ベルト

コルセットよりも着脱が簡単なうえ、手軽にコルセットのような見た目を演出することができる優れもの。古着屋さんで見つけました。

COORDINATE 11

さんかくも、たまにするんです

パーカー&スニーカースタイル

POINT 1

キャップにはバックベアード様がいらっしゃいます。

POINT 2

帯に可愛い子（帯飾り）をつけてポップさプラス。

BEFORE

パンクスタイルにスカートを重ねて自分らしく。

寒い日やアクティブな予定があるときは、
パーカー&スニーカーでラフに。
ポップなアイテムを散りばめて
カジュアルに振り切りました！

あったかくて
動きやす〜い

POINT 3

リュックを背負うので帯はぺったんこな浪人結びアレンジに。

スニーカーはボリュームのあるタイプがキモノに合わせやすい。

アンティーク着物／戻橋３階　半幅帯／モノ バイ トモノスケ　帯飾りにしたチャーム、プルタブピアス／ザーカヴィンセント　パーカー／shopCABARET　ソックス／バニラ　スカート／GU　パンツ／ユニクロ　スニーカー／PUMA　キャップ／鬼太郎×ニューエラ　リュック／MCM　チョーカー／ミルハエ

COORDINATE 12

おばあちゃんのキモノを可愛く着たい
洋装&現代ミックスコーデ

お袖の長さが可愛いの

POINT 1

半衿を見せると、キモノらしい可愛さが出ると思っています。

祖母が結婚式のお色直しに着たというキモノを普段着に。帯を現代モノにすることで、モダンな印象を与えつつも、半衿を入れてキモノらしさをキープ。

POINT 2

防寒は昭和40年代に大流行した毛皮マフラーで。既に存在するものは大事に使います。

BEFORE

重ね着に大活躍のシースルートップス。

POINT 3

帯は結ばず、ゴムベルトで留めただけ。

着物／祖母のお下がり　半幅帯／重宗玉緒　シースルートップス／パメオポーズ　スカート／アベイル　タイツ／アビエタージュ　シューズ／ジェフリーキャンベル　羽ピアス／ザーカヴィンセント　パールネックレス／ミルハエ　毛皮マフラー／どこかの古着屋さん　ベルト／シスター社　バッグ／ラトリエ

キモノの楽しみ方

「どこに出かけていいのかわからない」なんてことはありません。
女子会、美術館、飲み会、テーマパーク……。
洋服と同じように、好きなだけお出かけを楽しみましょう。

A.新宿でイベントをした時。「魍魎の宴」というテーマに合わせてみんなちょっと妖怪風！　**B.** イヴ・サンローラン展に行った時。美術館におしゃれしていくのはキモノ女子会の定番です。　**C.** マクドで打ち合わせ。ファストフードや牛丼屋にいるとキモノはちょっぴり目立つけど気にしない。**D.** キモノでマイメロとクロミの概念コーデ。　**E.** 夏の風物詩、屋形船。みんなで浴衣で集まりました。

F. 神社仏閣の参拝や見学にはキモノはやっぱり馴染むよね。 **G.** ランチ＆お買い物の日。普通のお出かけもみんなキモノで集まると楽しい。目立つ。 **H.** 浴衣で観劇のあと感想を言い合う飲み会。浴衣はパンフレットの色に合わせました。 **I.** ディズニーランドで、キモノとロリィタの３人グリーンコーデ。 **J.** エドワード・ゴーリー展に合わせてキモノのテーマは「不幸な子供」。 **K.** 帯にＴシャツを被せた推し活コーデ。「日常のキモノ」感があって好きな１枚です。

さんかくキモノ Q&A

Q. 着付けはどうやって覚えましたか

A. 幼少の頃から着物に憧れていたのですが、大学に「着物サークル」なるものがあり即入部。そこに指導に来ていた先生の教室に通うようになり、礼装や花嫁着付け（もう忘れた）なども含めて学び、師範免状をいただきました。

Q. 学生なのですが安く着物が買えるところはありますか

A. おすすめショップはＰ１１４〜でもご紹介していますが、大手リサイクルショップでも着物を取り扱っているところがあります。中でもブックオフは最近、着物に力を入れているので、お近くで探してみてはいかがでしょう。

ブックオフに期間限定で設置された等身大パネルと、販売商品でコーディネートしたトルソー。

Q. 着物や小物はどのように管理していますか

A. 着物と帯はたとう紙*には入れず、畳んで大きな本棚に収納しています。パッとすぐに見つけられて便利。着付けに使う紐類や小物類は無印良品のＰＰケースに帯締め、帯留め、腰紐類など種類別に分けて収納しています。

帯締めの収納ケース。ケースの深さも小物によって分けています。

*「たとう紙」とは、和紙でできた着物や帯を収納するもの。

夏は涼しく浴衣を着こなす

CHAPTER 2

夏は涼しく浴衣のススメ

キモノと形は同じでも、さらに気軽に着られるのが浴衣。着るのも（キモノに比べて）簡単だし、お値段もキモノより安い（ものも多い）。さらにお祭りや花火大会などで着ている人が多い、つまり目立ち過ぎないので、初心者さんに最適です。

キモノとの違いやメリットは？

① 素材が違う

違いと聞かれたとき、私はよく「ビジネスシャツとパジャマって同じ形だけど違いますよね？」と答えます。同じ形でもキモノと浴衣は質感が違う……。でも最近はキモノとしても着られる浴衣も多いので、そこまで線引きする必要もないのかな、とも思います。

② 洗えるのがメリット

暑い夏、やっぱり汗をかいたら着たものを洗いたくなります。絹のキモノを自分で洗うのは難しいですが、浴衣なら自宅でお洗濯可能。私はネットに入れて洗濯機で洗っています。

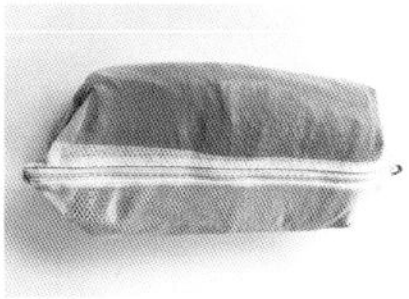

浴衣の下には何を着ればいい？

もちろん浴衣用のインナーを着てもいいですが、私はワンピース、ブラキャミ、首まわりを切って広くしたTシャツなどをインナーにしています。下半身は思った以上に透けるのでスカート、ステテコなど何でもいいので必ずはきましょう。

COORDINATE 13

片身替り浴衣でラクしておしゃれ ジャポン×ヨーロッパなサーカスコーデ

POINT 1

左右で柄が違うので、写真の角度でイメージがガラリと変わります。

子どもの頃から
ピエロ好き♡

POINT 2

浴衣でも足もとを重めにすると、キモノっぽく見える効果が。

浴衣／ローブジャポニカ　半幅帯／カラフルブティック モア　グリーンソックス／靴下屋　オックスフォードシューズ／シスレー　帽子／ナッティ　チョーカー／スリーコインズ　イヤリング／タイで購入　バッグ／シルク・ドゥ・ソレイユのグッズ

左右の柄が異なる「片身替り」の浴衣は、着るだけでおしゃれに見える優れもの。花札×流水というザ・和柄に、サーカス柄の半幅帯を締めて、小物も洋風にまとめました。

POINT 3

ヴィンテージの麦わら帽子は、クラシカルな雰囲気と夏らしい印象をプラスしてくれます。

POINT 4

鞄や靴下の緑色は、ピエロ柄の帯の裏地に合わせています。

いろんな角度で
撮影したいわ

COORDINATE 14

着やせ効果も期待できる!?
こなれ感抜群の片身替り×角帯

ご近所スタイルは
だいたいコレ

片身替りの浴衣はスラッと着やせして見える気がします。こちらはさらに片側が黒一色なので、すっきり度が高い！
男物の角帯を巻いて浪人結びにすると、着慣れた人みたいな雰囲気になるのもお気に入り。

POINT 1
夏の装いに合うアタのかごバッグ。

片身替り浴衣、西陣織角帯／ローブジャポニカ　下駄／げたのみずとり　チョーカー／Haruki組　アタかごバッグ／秋田のべに屋　ポニーフック／100円ショップ

POINT 2

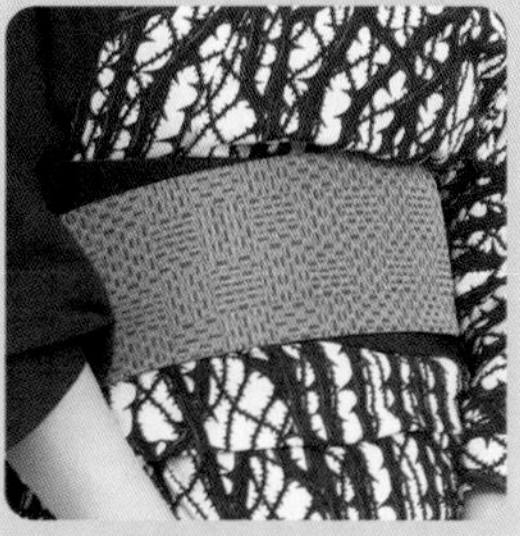

角帯は幅が細いのでクロスするようにして、幅を広めに見せています。

右半分が黒なので、
着やせして……見えません?

POINT 3

和洋問わずに馴染む「げたのみずとり」さんのヒール下駄。かごバッグとも相性抜群。

COORDINATE 15

推し活コーデに Tシャツかぶせ帯

ライヴや観劇などの推し活のときにぴったりなのが「Tシャツかぶせ帯」。推しへの愛をコーディネートで表現できます。浴衣は演目などに関連するものをチョイス、足もとは地下足袋で軽快に。

愛する PSYCHOSISへ届け！

POINT 1

地下足袋は丸五（マルゴ）という1919年創業のメーカーのもの。歩きやすさも抜群！

動画はこちら

推しへの想いは、
装いで表現するの

POINT 2

興奮して髪が乱れぬようヘアバンドをチョイス。

POINT 3

リバーシブルの名古屋帯を使って、Tシャツかぶせ帯を作ります！　作り方は次ページを見てね。

百鬼夜行浴衣／モノ バイ トモノスケ　妖怪名古屋帯／柳生忠平×モノ バイ トモノスケ　帯締め／コンサバ期に購入　地下足袋／マルゴ　ヘアバンド／バラ色の帽子　ピアス／アビエタージュ　バッグ／「石原七生×三村養蜂場の」コラボ

ARRANGE

Tシャツかぶせ帯の作り方

「推している人・モノへの愛をキモノで表現したい」そんなあなたにおすすめなのが「Tシャツかぶせ帯」。さんかくは観劇やライヴなどで活用しています。

①名古屋帯とTシャツを用意します。

②Tシャツを名古屋帯のお太鼓部分に乗せます。

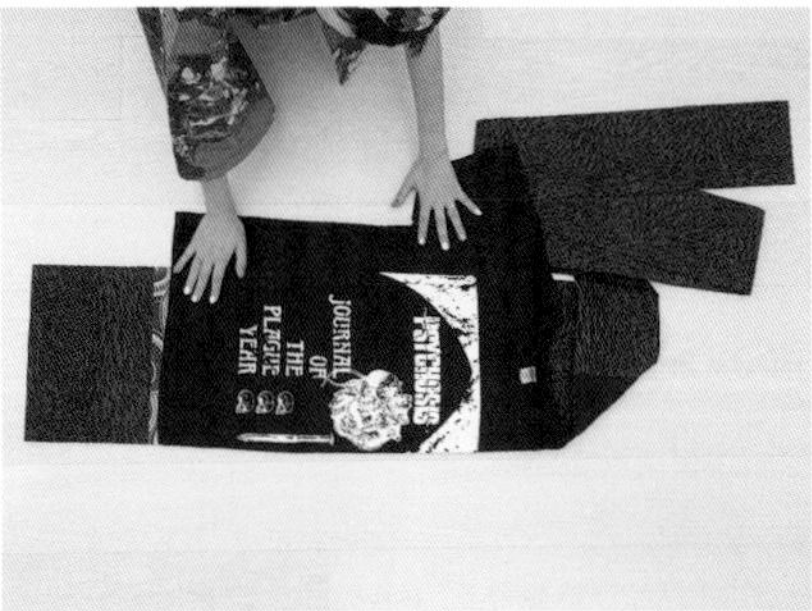

③両脇部分を裏側に折り込みます。

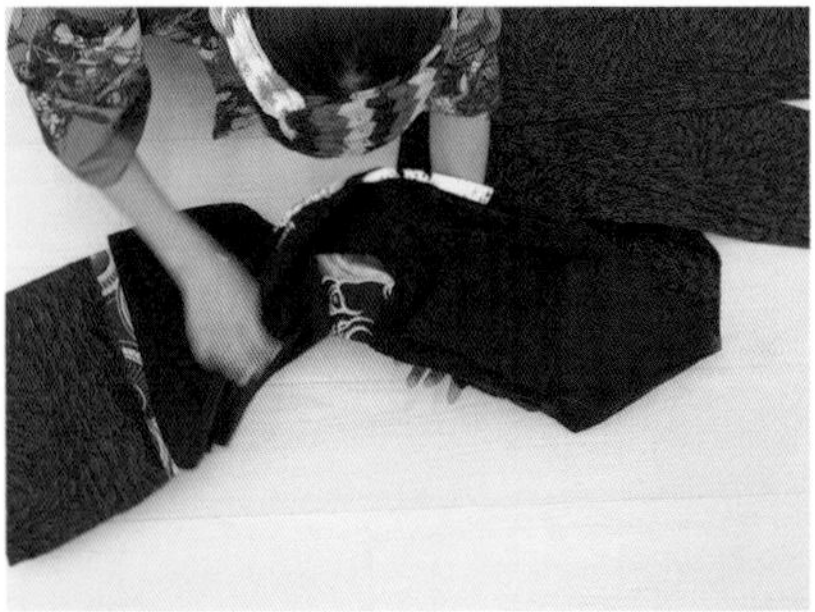

④お太鼓部分をひっくり返します。

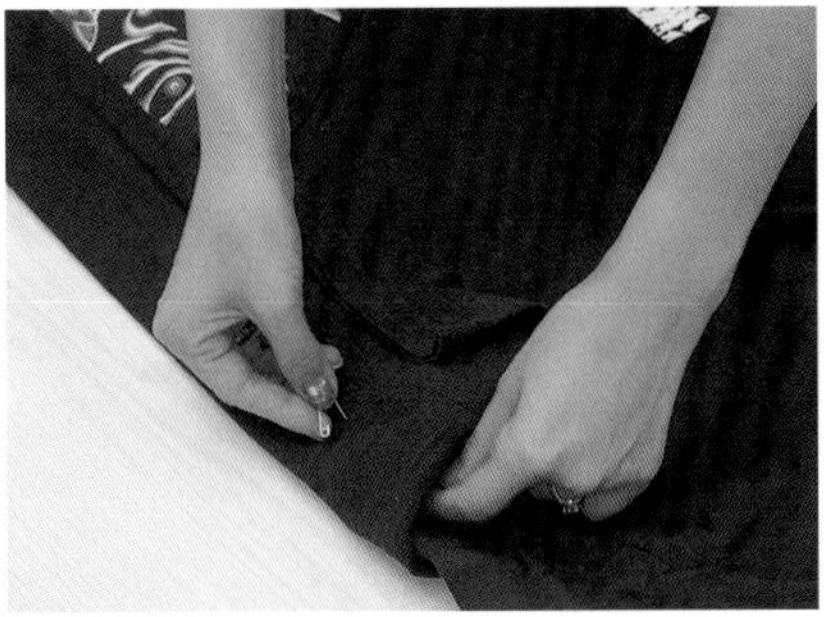

5 安全ピンでTシャツと帯を留めます。

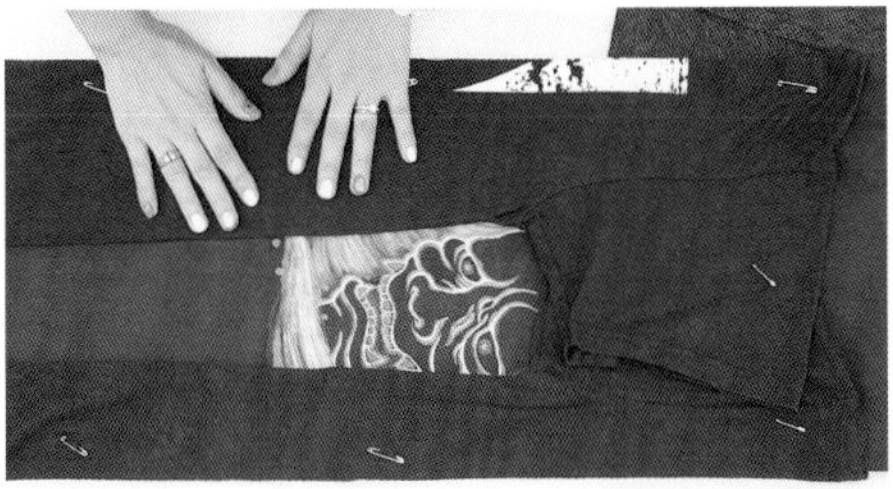

6 袖部分も含めて6か所ぐらい
留めると安心です。

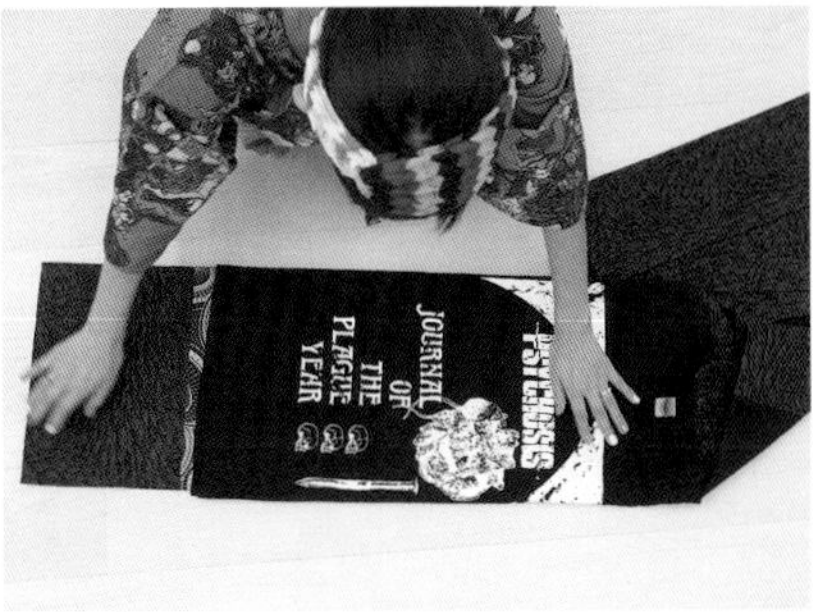

7 ひっくり返したら完成です。

8 見せたい柄が出ていればバッチリ！

⚠注意
帯を傷める可能性があるので、
大丈夫な帯でトライしてね。
参考／さくらんさん
Instagram：@sakuran_kimono

動画はこちら

COORDINATE 16

王道のかっこよさを表現！

紺地の浴衣を博多紗献上帯で

オトナですもの

POINT 1

紺色の藍染には虫除けの効果があることから、昔から浴衣の定番として愛されていたのだとか。キモノの歴史は奥深い……。

POINT 2

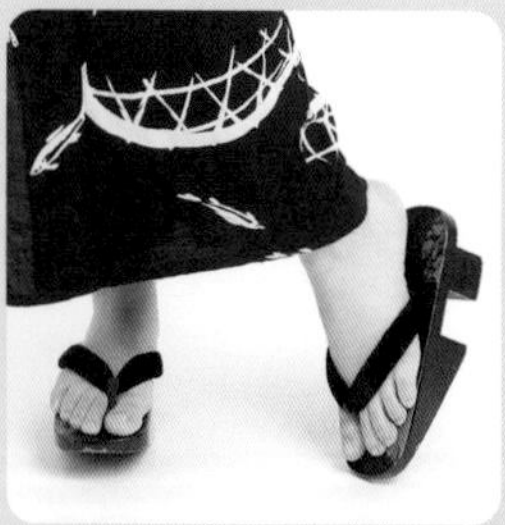

前方が斜めになっている「千両下駄」で、すっきりとした印象に。

カラフルな浴衣も好きだけど、
王道の紺もたまに着たくなります。
そんなときは小細工せずに帯も伝統的な博多帯で決まり。
見た目も涼しげでいいでしょ？

POINT 3

伝統的なコーデにはやっぱり王道の文庫結びがしっくりきます。いつもより羽は短めで。

ちょっとしたお買い物にも
楽な恰好なの

POINT 4

浴衣の柄は「蛇籠《じゃかご》」。大きな籠に石を詰めて川の護岸に使われたもので、それが蛇に見えることから名付けられたのだとか。

蛇籠と鮎柄浴衣／キモノ葉月 大塚　博多紗献上半幅帯／竺仙　下駄／ローブジャポニカ　アタかごバッグ／秋田のべに屋　さんかくかんざし／「ヰロハ狐×さんかく」コラボ　バレッタ／どこかの手芸店

COORDINATE 17

ポイントは小物使い

ザ・正統派の浴衣を今っぽく

幽霊に見えないようにしたい

POINT 1

意外とどんな浴衣にも合うギラヘコ帯。ブルー＆グリーンの爽やか系をチョイス。

動画はこちら

長年愛用している竺仙《ちくせん》の注染浴衣。今の自分に寄せるために、ギラヘコ帯や地下足袋を合わせました。良いモノはアレンジしても受け止めてくれる度量があります。

POINT 2

「病人っぽく見える」ので難しい白地の浴衣。さんかくの場合は「幽霊っぽく」なりがちなので帯や色選びに気を付けています。

POINT 3

浴衣のときはすっきり見せたいので上の方で結んで、刈り上げも見せます。

POINT 4

地下足袋で和の雰囲気を保ちつつ歩きやすさを保証。お祭りの人混みでも足が守られていて安心です。

萩柄注染浴衣／竺仙　兵児帯／ルミロック　地下足袋／マルゴ　三角定規かんざし、ピンクヘアピン／アンドリーニャ　ピアス／ザーカ ヴィンセント　チョーカー／ロフトの素材で自作

暑い日の対策法

浴衣姿で歩いていると「涼やかですね～」と声をかけられますが、実際は暑いです（笑）。すまし顔で１日を過ごすために、さんかくがしている暑さ対策をご紹介します。

日傘や扇子は必需品

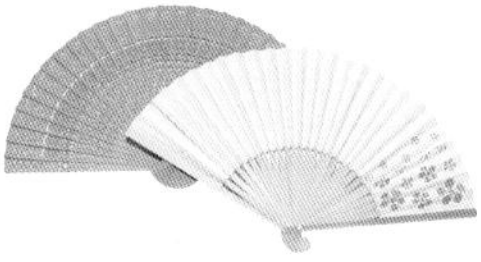

折り畳み傘、パゴダ傘／ルミエーブル　赤い扇子／ベビードールトウキョウ（ほか不明）

保冷剤をしのばせて

暑さ＆汗対策として活躍するのが保冷剤。小さなタオルを三角に折って保冷剤を挟み込んだものをブラキャミの胸元に入れると、涼しくなるだけでなく補整の役割も果たしてくれます。それとは別に手拭いで包んだ保冷剤も用意しておいて、手で握ったり首もとにあてて熱を冷まします。

暑さ対策が万全でも、この異常気象や体調などで着続けていることがつらくなることがあるかもしれません。そんなときは無理せずに脱いでしまうのがいちばん。また「浴衣は大きな手拭い」と思って、汗を吸わせるぐらいの気持ちでいるとラクです。帰ったら即洗濯機に入れればOKです。

A

キモノ女子の

鞄の中身

キモノでお出かけするときは、どんな持ち物があるといいのでしょうか。さんかくのとある日のお出かけバッグの中身（夏バージョン）は、こんな感じです。

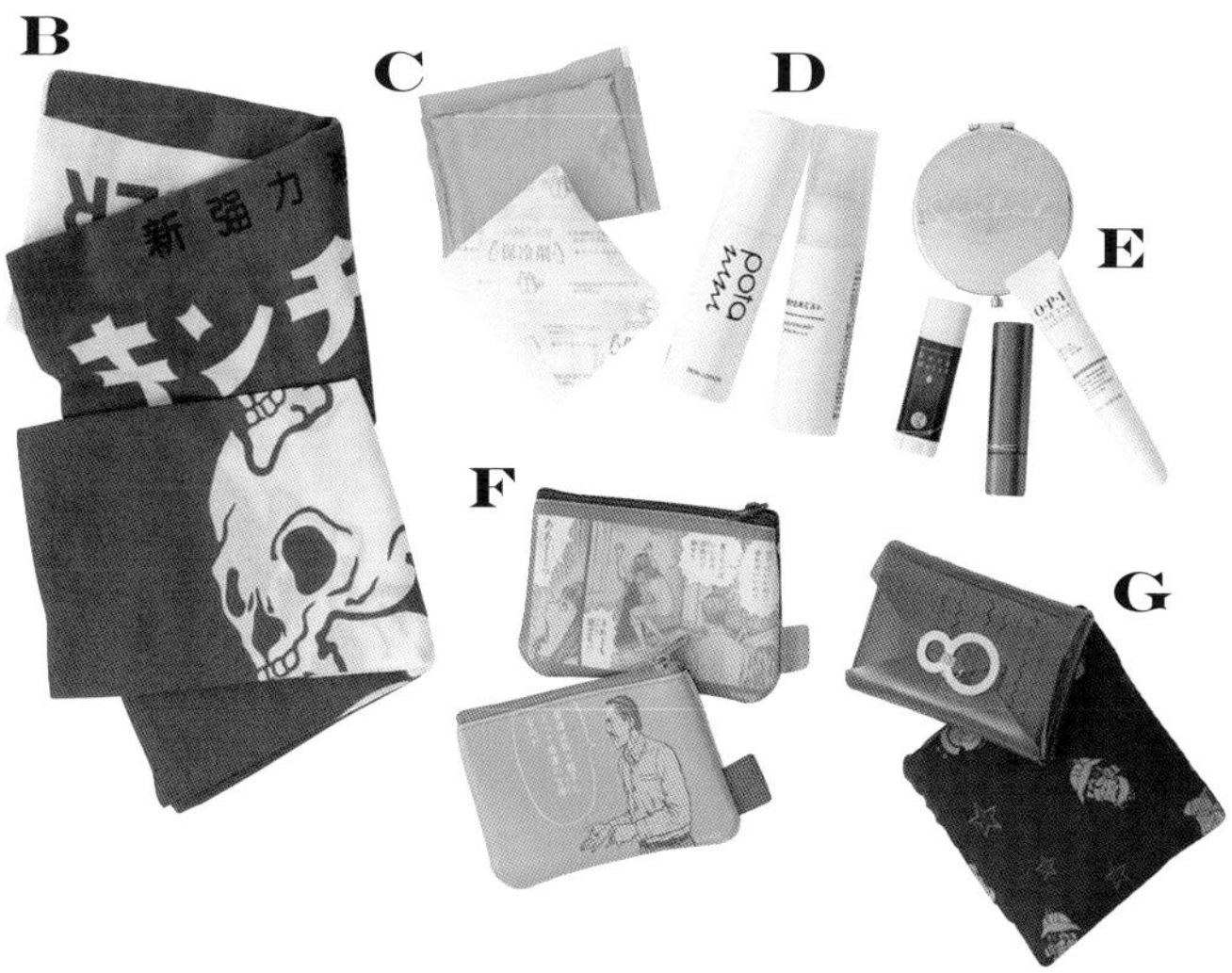

COMMENT

A.「＊fuwari＊」のバッグはアビエタージュで購入。カルドナージュでできているので、見た目よりも軽くて使いやすいです。　**B.** 手拭い。たくさん持っていて、季節や気分で選びます。これは蚊取り線香でおなじみの金鳥と戻橋《もどりばし》の髑髏《どくろ》柄。　**C.** 保冷剤。お買い物したときについてきたものを冷凍庫にストックしてあります。　**D.** 化粧水＆日焼け止め。化粧水は長年愛用の「ポタニーニ」、日焼け止めはスプレータイプが外出時には便利。　**E.** コスメ類。鏡とリップクリーム、口紅、ネイルオイルなど最低限のラインナップ。　**F.** 財布。バッグの小型化に伴い、財布はポーチ２つに着地。片方に現金、もう１つにカードが入っています。　**G.** 名刺入れ＆エコバッグ。エコバッグはお買い物のほか、浴衣を脱いだときに入れる用に。

COORDINATE 18

柄が透けて可愛い♡
透ける夏キモノの下にワンピース

POINT 1

暑いときは衿を首から離し気味に合わせると涼しいいし、裄の長さも確保できます。

POINT 2

合わせたのは絽《ろ》のアンティーク帯。季節を意識しすぎないようにしているけど、夏用の帯はやっぱり涼しい。

動画はこちら

一般的には長襦袢《ながじゅばん》を下に着るのですが、柄ワンピにしてみたら透けて可愛くなりました。半衿は袖なしの半襦袢《はんじゅばん》につけています。

夏ならではの透け感を楽しみたい

BEFORE

下に着るなら濃いめの色柄のロングワンピースがおすすめ。

POINT 3

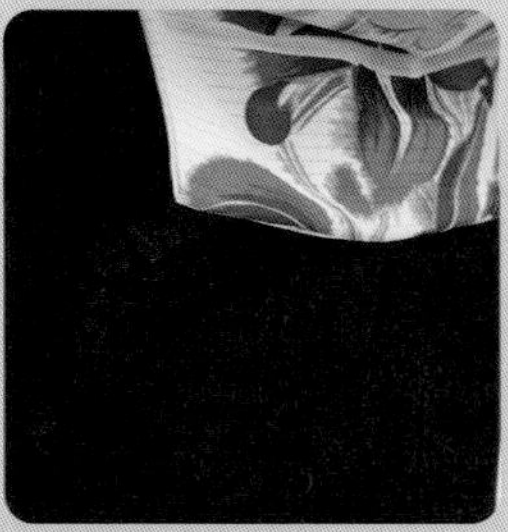

絽のキモノの下にうっすら透ける花柄にときめきます。

絽の着物／きものなかむら東京店　半衿／C.H.O.K.O.　絽のアンティーク名古屋帯／ランコ　サンダル／MM6　夏用帯締め／コンサバ期に購入　ちょうちょクリアかんざし／アンドリーニャ　キラキラ青チョーカー、バングル／トモノスケさんからいただいたもの　十字架クリスタルピアス／チャキラッチョ

COORDINATE 19

透けさせて物語を生む「野晒し」インスパイアコーデ

POINT 1

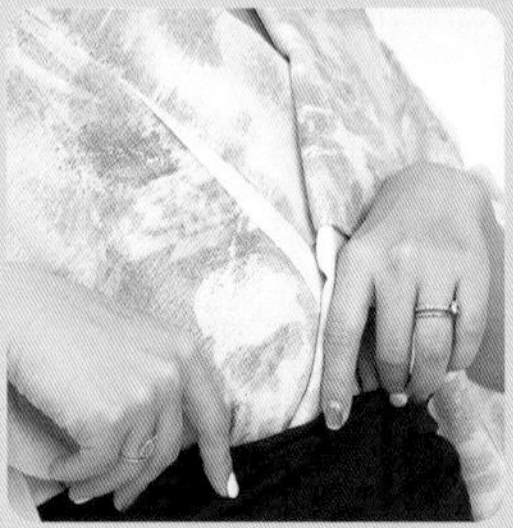

うっすらと髑髏が透ける感じがたまりません。

怪談も大好物ですのよ

紗の夏着物／母からのお下がり　男物兵児帯／祖父のお下がり　下駄／ローブジャポニカ　骸骨ピアス／シスター社　チョーカー／貴和製作所の素材で自作

動画はこちら

BEFORE

20年ぐらい前に買った髑髏のワンピースを発掘して着てみました。

POINT 2

耳にも骸骨をつけて世界観を統一。衣紋も大きく抜いて妖艶さを意識してみました。

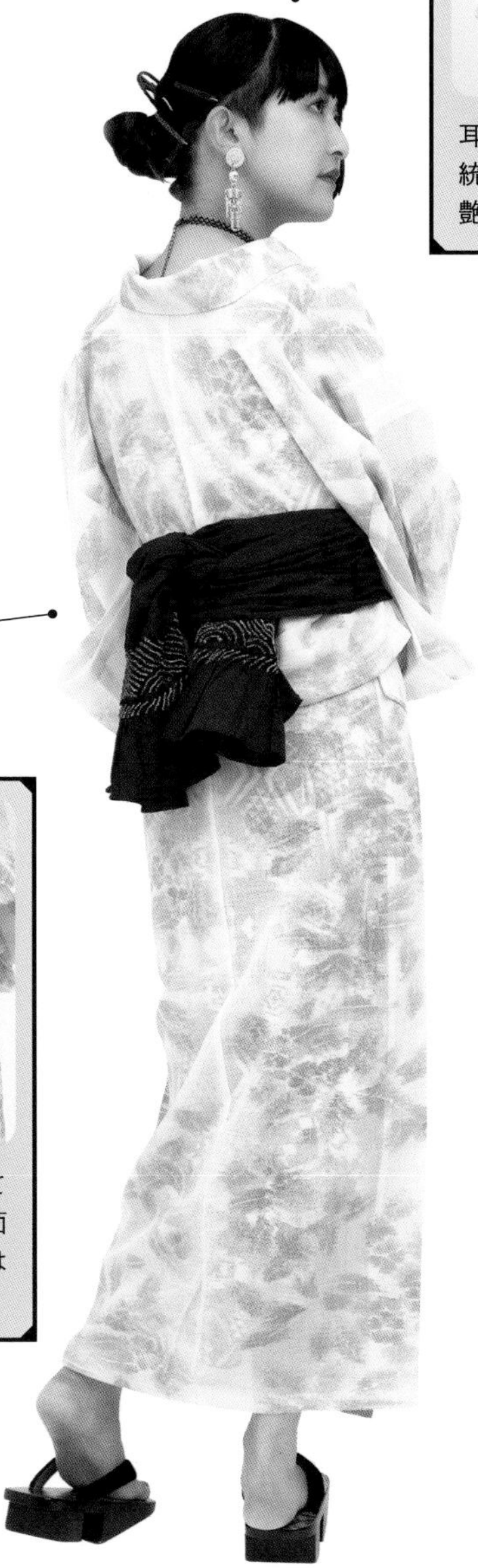

POINT 3

おじいちゃんが見たらなんて言うかしら……。きっと、面白い！　って褒めてくれるはず。

茂みとお花柄のキモノの下から髑髏《どくろ》がのぞいたらという妄想から落語の「野晒し」をイメージしたコーデが誕生。おじいちゃんの兵児帯も使ってお化けっぽいイメージに。

COORDINATE 20

猛暑日は帯もなくてOK！

母の絽《ろ》キモノ×ハーネス

午前中は洋服、
午後からキモノスタイルに
チェンジしました

POINT 1

ワンピースの上にキモノをはおり、腰紐を締めたらその上からハーネスを装着するだけで完成！

POINT 2

暑いのでワンピのスカート丈よりちょっと長いぐらいの丈感で着ています。

絽の着物／母からの借り物　ハーネス／ヴィヴィアン・ウエストウッド ワールズ・エンド　サーマルキャミワンピ／しまむら　ソックス／キワンダキワンダシューズ／ジェフリーキャンベル　イヤリング／チャキラッチョ　チョーカー／ロフトの素材で自作　バングル／アンドリーニャ

動画はこちら

ワンピースの上に透けるキモノを重ねて、
帯代わりにハーネスを装着したスタイル。
猛暑でもキモノが着たい気持ちを
大事にしたら、こうなりました。

POINT 3

キモノ自体がうっすら赤く透けるタイプなのでハーネスも赤にしました。

BEFORE

しまむらのワンピースは1枚で着てもOKなサーマル素材です。

帯じゃなくても、しっくりくるでしょう？

COORDINATE 21

柄で季節を先取り
豊穣の秋を待つ、アンティークコーデ

POINT 1

裄増し目的のアームカバーに、アクリルバングルでポップさを追加。

POINT 2

「大漁」の文字が入った足袋ソックスと、モノ バイ トモノスケの草履できらびやかに。

裏テーマは 食欲の秋を待つ、食いしんぼコーデ（笑）

アンティークキモノは「絽《ろ》」という夏素材だけど、柄は秋草。まだ暑いけど秋の気分を取り入れたいときにぴったりです。帯は通年使えるコットンファブリックをチョイス。

POINT 3

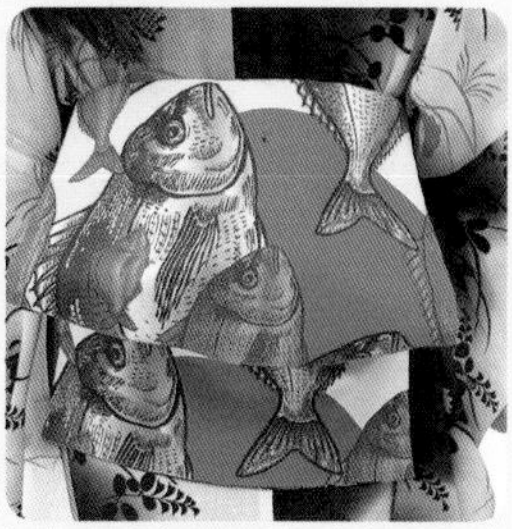

ローブジャポニカ×モノ バイトモノスケの帯は鯛柄！

BEFORE

モノ バイ トモノスケの半襦袢＆裾除けは見えても大丈夫、というか見せたい。

絽アンティーク着物／キモノ テント　名古屋帯／ローブジャポニカ×モノ バイ トモノスケ　アンティーク帯締め／キモノ葉月 大塚　草履／モノ バイ トモノスケ　大漁ソックス／どこかのお土産屋さん　ヘアゴム／スリーコインズ　ネットアームカバー／ベビードールトウキョウ　アクリルバングル／アンドリーニャ　ボーダーリング／大須の古着屋さん　いちごピンキーリング／娘からの借り物

COORDINATE 22

キモノの柄をめいっぱい楽しむ

真夏のアンティーク堪能コーデ

夏のアンティークキモノは鮮やかな色柄がたくさんあって大好き。今回はキモノの可愛さを引き立てるべく、帯や小物は抑えめにしてみました。

夏物だけど、コーデ次第で5〜10月ぐらいまで着られます

POINT 1

涼しげに見せるために、衣紋は深めに抜きます。

POINT 2

帯は「絽《ろ》綴《つづ》れ」。帯芯が入っていないので比較的涼しいです。金魚のブローチで涼感を演出。

POINT 3

伸縮性の高いレースソックスはビョーンと伸ばして下駄に合わせちゃいます。

アンティーク着物／戻橋1階　半衿にしたはぎれ／ランコ絽綴れ帯／コンサバ期に購入　帯締め／いただきもの　金魚のブローチ／久保木亜紀個展グッズ　ソックス／アンティパスト　下駄／げたのみずとり　蛾かんざし／ヰロハ狐

キモノを着こなす

CHAPTER 3

ようこそ、キモノの深い沼へ

BEFORE

着付けについてはP104へ

AFTER

ここからは基本的に「普通のキモノのカタチ」だけで着ていきます。制限があること、その中で工夫していくこと、これこそがキモノのいちばん面白いところかも。頭に浮かんだ妄想からコーディネートを組み立てて、キモノの物語が完成したとき、そしてそれを着たときの喜びがあるから、キモノ沼から抜け出せないのです。

「洋服の上から」との違いってある？

①背筋がのびる

洋装ミックスのときの気分が「いぇーい！」だとすると、きちんと着たときは「シャン」という感じ。キモノによって自分が引き上げられているような気持ちになります。

②面倒くさい、けど楽しい

アイテムが増える度に考えることが増えるし、着る手順も増えます。それは面倒でもあるけれど、ガチッとハマったときの高揚感にはかないません。

③世界が広がる

キモノの種類はもちろん、描かれている花の名前や文様の意味など、知ることが無限にあるのがキモノの世界。知るほどに世界の解像度が上がっていくので、キモノって素晴らしいなと思います。

洋服以外だと下に何を着るの？

一般的にキモノのインナーは和装ブラ＋肌襦袢《はだじゅばん》。そこに長襦袢《ながじゅばん》や半襦袢《はんじゅばん》＆裾除《すそよ》けを重ねることが多いですが、さんかくはブラキャミの上に半襦袢。襦袢の衿さえあれば、その下に着るものは自由でいいと思います。

〈一般的には〉

和装ブラ ＋ 肌襦袢＋裾除け ＋ 長襦袢

※和装ブラに半襦袢＋裾除けという着方もあります。

〈さんかくの場合〉

ブラキャミ ＋ 袖なし半襦袢 ＋ スカートなど

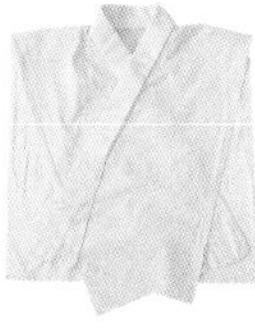

たまに裾除けも使います

襦袢《じゅばん》ってナニ？

襦袢はキモノの下に着るもので、キモノの汚れを防いだり、着姿をキレイに見せてくれたりするといわれています。長いタイプが「長襦袢」、短いのが「半襦袢」で、半襦袢の場合は「裾除け」と組み合わせるのが一般的ですが、私はスカートなどをはくことが多いです。

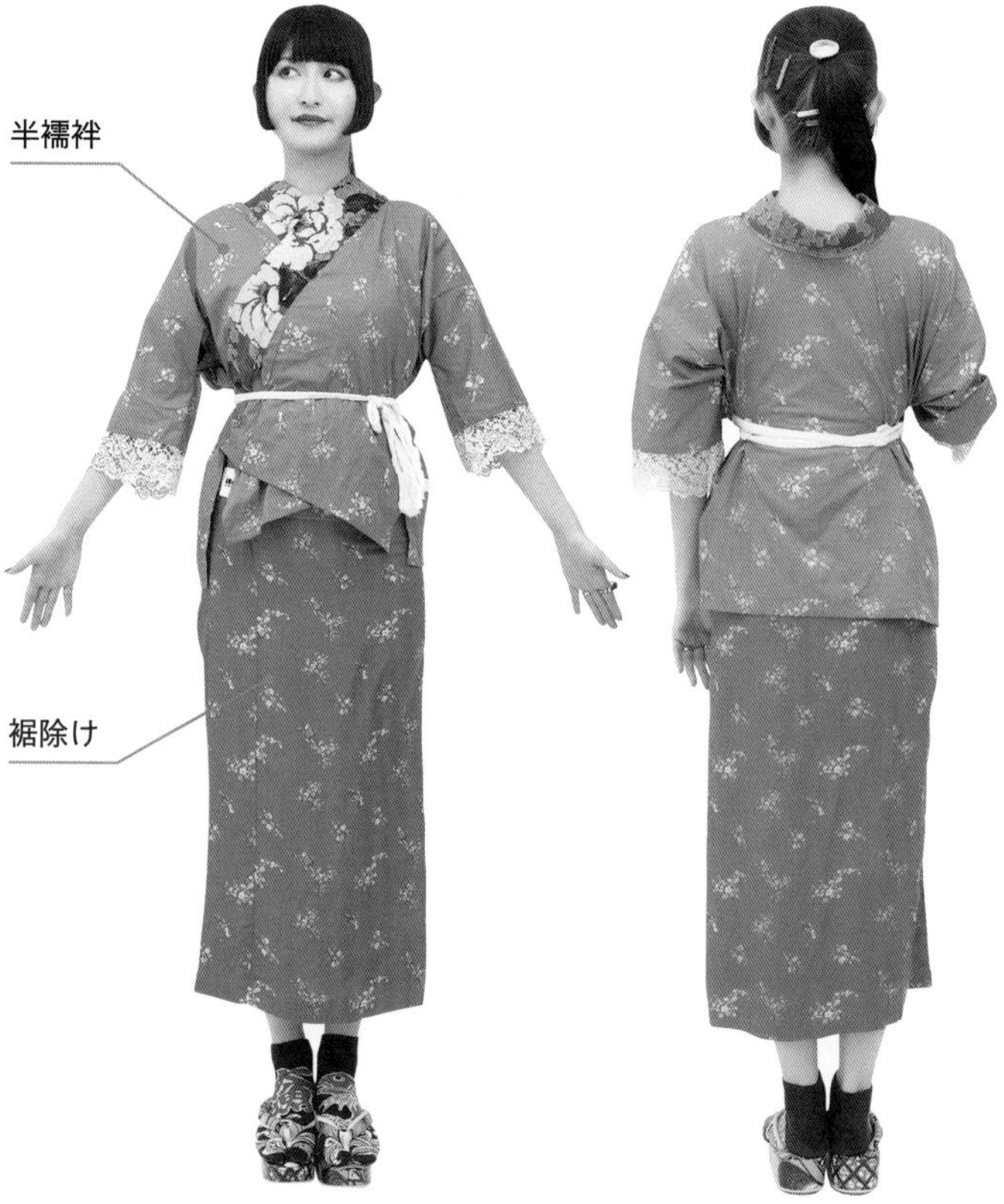

衿は付け替え可

キモノの衿の下からチラ見えしているのが「半衿」。顔の近くに位置するため、面積が小さい割に印象に残りやすいパーツです。半衿として売っているものだけでなく、アンティークキモノのはぎれや手拭い、その他好きな布で代用可。縫い付けて使いますが、安全ピンで留めちゃっても大丈夫。

さんかく的半襦袢の作り方

さんかくは、市販の半襦袢を解体したオリジナルの半襦袢でキモノを着ていることが多いです。衿合わせや衣紋の抜き具合が調整しやすく、崩れにくいのでおすすめです。作り方をご紹介します。

考案：着物スタイリスト 小林布未子さん（楽々包帯着付け）

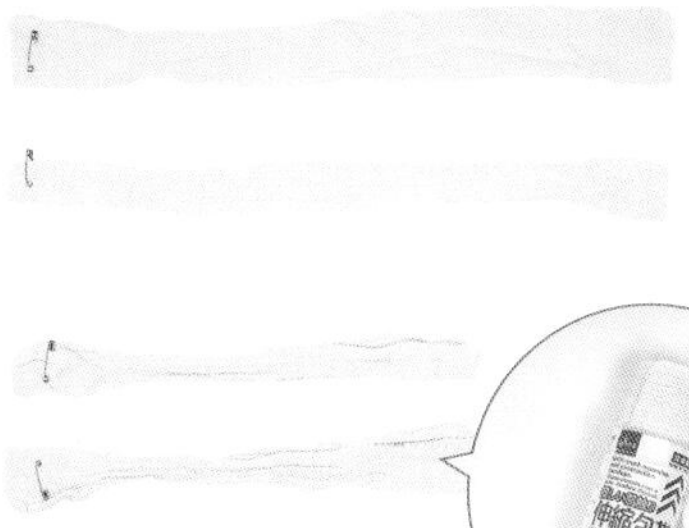

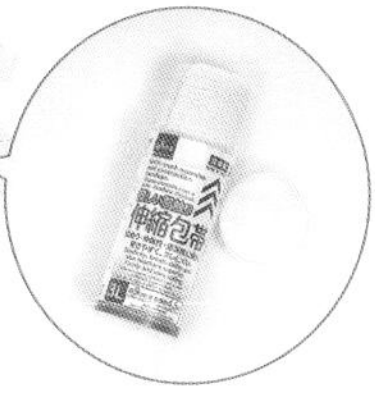

1 市販の筒袖半襦袢（2000円ぐらいのリーズナブルなもの）の脇の縫い目をほどき、袖を身ごろから切り離します。

2 ダイソーの「伸縮包帯」を、約60cm × 2本と約40cm × 2本に切り、それぞれに安全ピンをつけます。

3 長い方を左右の衿先、短い方を背中側それぞれに留めたら完成！

参考動画

COORDINATE 23

帯からインスパイアされたテーマコーデ

「春の悪夢」

POINT 1

眠れないときは羊を数えましょう。動物の帯留めは珍しいので見つけたら買うようにしています。

POINT 2

蝶々が舞っているように見える羽織は、このコーデにぴったり。

蝶単衣着物／キモノ葉月 大塚　名古屋帯「まばたき」、半衿「月夜」／重宗玉緒　帯締め＆帯留め（セット）／ランコ　はおった蝶柄レース布／日暮里のフジカケ　シューズ／ヴィヴィアン・ウエストウッド ワールズ・エンド　ピアス／久保木亜紀個展グッズ　チョーカー／ミルハエ　アームカバー／ベビードールトウキョウ×さんかくコラボ　ソックス／キワンダキワンダ　指輪右／Kemuri装飾店　指輪左／知り合いの手作り　蛇バングル／タイで購入

動画はこちら

妄想を掻き立てるアイテムに惹かれます

POINT 3

三つ編みを3本作って妖怪チックに。蛇っぽくもあります。

POINT 4

こちらの帯は開いた眼以外にも2つの柄を出すことができる、1本で3度おいしい帯。

重《しげ》宗《むね》玉《たま》緒《お》さんの名古屋帯「まばたき」の
奇《あや》しい眼をきっかけに、
「春の悪夢」というテーマでコーディネート。
半衿は月と雲、キモノは蝶々。
蝶々が羽ばたくあたたかい春の夜に、
大きな目に追いかけられる夢をみました。
目が覚めてまばたきしてもまだ夜……。
帯留めの可愛い羊を数えてもう一度眠りましょう。

COORDINATE 24

浴衣とキモノの違いって……？
半衿を入れればキモノ風に

POINT 1
半衿を入れると、浴衣がキモノっぽく見えます。

キモノ好きには
妖怪好きが多い気がする……

百鬼夜行浴衣／モノ バイ トモノスケ　妖怪名古屋帯／柳生忠平×モノ バイ トモノスケ　半衿にした渦巻き柄アンティークのはぎれ／不明　帯締め／ファニーココ　帯留め／九谷焼ガチャシューズ／シスレー　タッセル付きカチューシャ／かんざし屋富美子　骸骨ピアス／シスター社　チョーカー／ミルハエ

キモノを持っていなくても、
浴衣に半衿をプラスすれば
キモノ風に着ることが可能。
夏の夜の百鬼夜行、半衿の渦巻きに誘われて
付喪《つくも》神《がみ》たちがやってくる。
ろくろ首は九谷焼の箸置きを帯留めに。
帯は「道成寺」の蛇になった清姫と、
妖怪づくしでまとめています♪

POINT 2

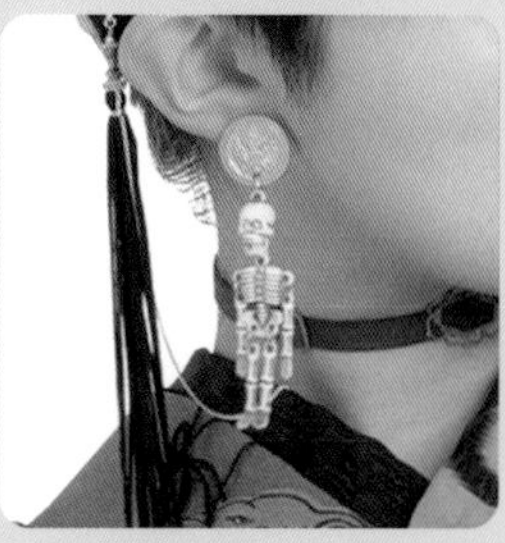

怪談繋がりでピアスは骸骨。

POINT 3

妖怪画家の柳生忠平さんに描いていただいたものを、トモノスケさんに帯に仕立ててもらいました。

COORDINATE 25

『桜の樹の下には』コーデ

出番のなかった小紋キモノが、妄想により復活

POINT 1

心臓のネックレスはチェーン部分にヘアピンをつけて帯に留めています。

ああ、桜の樹の下には屍体が埋まっている！

小紋着物／きものやまと　死者の日半幅帯／モノ バイ トモノスケ　半衿／いただきもの　ソックス／キワンダキワンダ　シューズ／ドクターマーチン　ピアス／チャキラッチョ　心臓ネックレス／BooDoo堂　かんざし／アンドリーニャ

動画はこちら

コンサバ期に買った桜柄の小紋キモノ。
最近は出番がなかったのですが、眺めていたところ、
ふと梶井基次郎の『桜の樹の下には』が頭に浮かび
〝桜と屍体〟というテーマでコーディネートしてみました。
テーマに沿ったアクセを使うことで、キモノの物語が完成します。

POINT 2

映画『シャイニング』の血まみれの双子ピアスで、桜の下に埋まっているであろう人をイメージ。

POINT 3

チューリップは梶井基次郎の別の作品に登場するモチーフだったので。

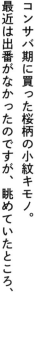

COORDINATE 26

あったかくて、動きやすい ジャージキモノで髑髏《どくろ》祭

髑髏のキモノで毒展へゆくよ

POINT 1

メンズキモノは脇の部分が開いていないので、帯を締めるときは脇の高さに仮紐をしてから結ぶと、締めやすいです。

ジャージ着物／ローブジャポニカ　銘仙はぎれ半衿／ランコ　兵児帯／ルミロック　アンティーク帯締め／キモノ葉月 大塚　ブーツ／スポーツマックス　帽子／アビエタージュ　ドレスドヘア／ギンカウィンカ イヤリング／シスター社　チョーカー／ロフトの素材で自作

髑髏柄のキモノはジャージ素材。
シワにならずに動きやすいだけでなく、
あたたかいのも嬉しいところ。
メンズキモノは普通の名古屋帯だと
ちょっと締めづらいので、兵児帯をチョイス。
強めの色同士を合わせて毒々しさを出しました。

POINT 2

帽子にお下げヘア、さらにドレスドヘアでかさ増しして、ボリューミーなヘアスタイルに。

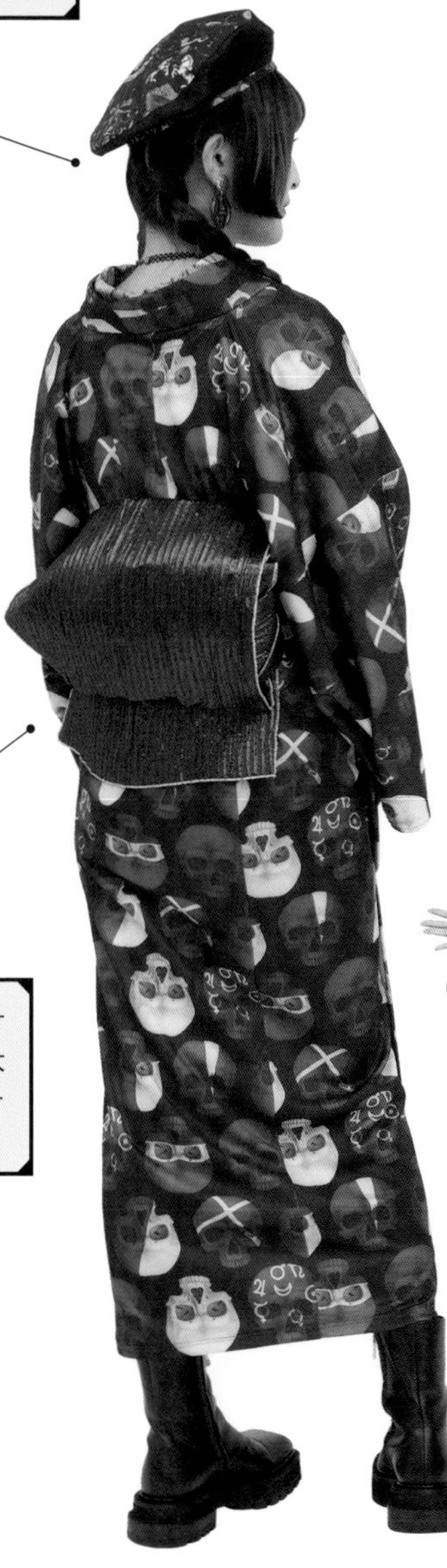

POINT 3

ギラヘコ帯で銀座結びをすると帯枕がなくてもお太鼓っぽくなって、ボリュームが出ます。

毒々しいでしょ？

COORDINATE 27

モダンに見せるテク満載

アンティークでこってり大正浪漫

POINT 1

メキシコの死者の日や、フリーダ・カーロなどがパッチワークされた帯。今回はブルーの面が見えるように締めてみました。

POINT 2

足もともこってりと。アフリカンバティックの草履のインパクトに負けない青のレース足袋ソックスをチョイス。

アンティーク着物／きものさらさ　アンティーク羽織、アンティーク帯締め／キモノ葉月 大塚　半衿／不明　名古屋帯／MIKAZO商店　レース足袋ソックス／チュチュアンナ　草履／モノ バイ トモノスケ　帽子／ナッティ　ピアス／Aquvii　付け袖／しまむら　チョーカー／ミルハエ

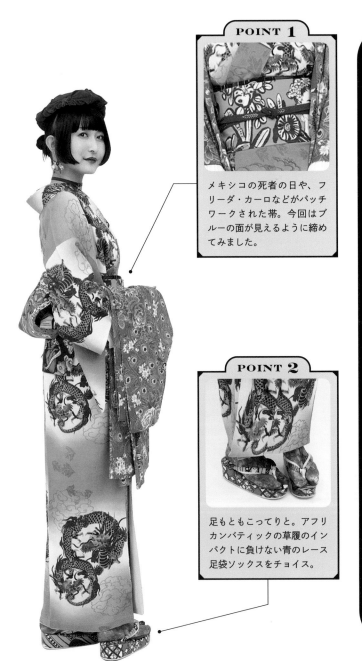

POINT 3

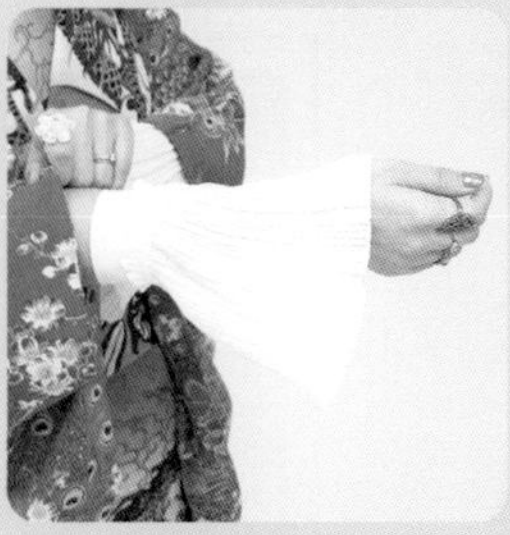

裄の短さは付け袖でカバー。レトロなプリーツのデザインがアンティークキモノとマッチしています。

OUTER

帽子、半衿、帯、足袋、羽織など、それぞれにちりばめられたブルーがポイント。

強いキモノには強いアイテムが合う！

大好きな龍のアンティーク小紋をメインにしたコーディネート。「大正浪漫」を意識しつつも、現代モノの帯や草履を使って時代をミックスすることで、古いだけではないモダンさを出しました。ちなみに帯は南米、草履はアフリカ、帽子はアメリカと国もミックスされています。

COORDINATE 28

色を重ねて、柄を重ねて アンティークらしさを楽しむコーデ

POINT 1

ちょっとだけ裄が短いのでアームカバーは必需品。バングルを重ねて腕まわりもデコります。

POINT 2

どこかに現代っぽさをミックスしたかったので、足もとはヒールに。帽子と色が似ているものにして統一感を出しています。

実は青がいちばん似合うと思っています

POINT 3

三角がいっぱい重なったようなデザインでひとめぼれ。チュールが上品さをプラスしてくれます。

POINT 4

獅子の帯もいかにもアンティークな色と柄です。

お気に入りのアンティークキモノは、ここぞというときに着る1枚。手持ちの中でいちばん〝アンティークらしい〟帯や帯締めで、色と柄を重ねていきます。こういうときは引き算するとそこだけ手を抜いているように見えてしまうので、とことん足し算していくのがコツ。

アンティーク着物、アンティーク帯締め／キモノ葉月 大塚　半衿にしたアンティークはぎれ／ロマデパ（大正ロマン百貨店）　アンティーク名古屋帯／戻橋 1階　ソックス／キワンダキワンダ　シューズ／ヴィヴィアン・ウエストウッド ワールズ・エンド　ヘッドドレス／ナッティチョーカーにしたガーターバンド／ミルハエ　アームカバー／アビエタージュ　リボンバングル／アンドリーニャ　カラーストーンバングル／タイの屋台で購入　はおった鶴柄の布／日暮里のフジカケ

キモノの上に着るもの

キモノのアウターも可愛いし、キモノ専用じゃなくても袖が窮屈じゃなければ使えます。コーディネートに合わせて自由に選んでいます。

後衿は外側半分に折ってね

羽織

羽織は帯結びに自信がない日でもはおってしまって隠せるところが◎。カーディガン扱いなので室内（カジュアルなシーン）では、脱がなくてもいいのです。

首を守ればさらにあったかい

コート

よく「キモノで寒くないですか？」と聞かれるのですが……コートを着れば寒くありません。こちらは名古屋の古着屋さんで見つけたコート。中綿であったかいです。

雨の日は雨コートを着るよ

アウターいろいろ

A. 大須の古着屋さんで見つけたふわふわのパーカー。ドルマン袖なのでキモノの袖も収納できます。 **B.** ローブジャポニカの角袖コート。脇の部分が開いてないのであたたかくてありがたい。

キモノで家事

キモノで家事はわざわざはしないのですが、お出かけ間際に何かしないといけなくなったときなど、対応できるアイテムがあると便利。ホームパーティーのときに割烹着をしてるとちょっと面白がられて楽しいです。

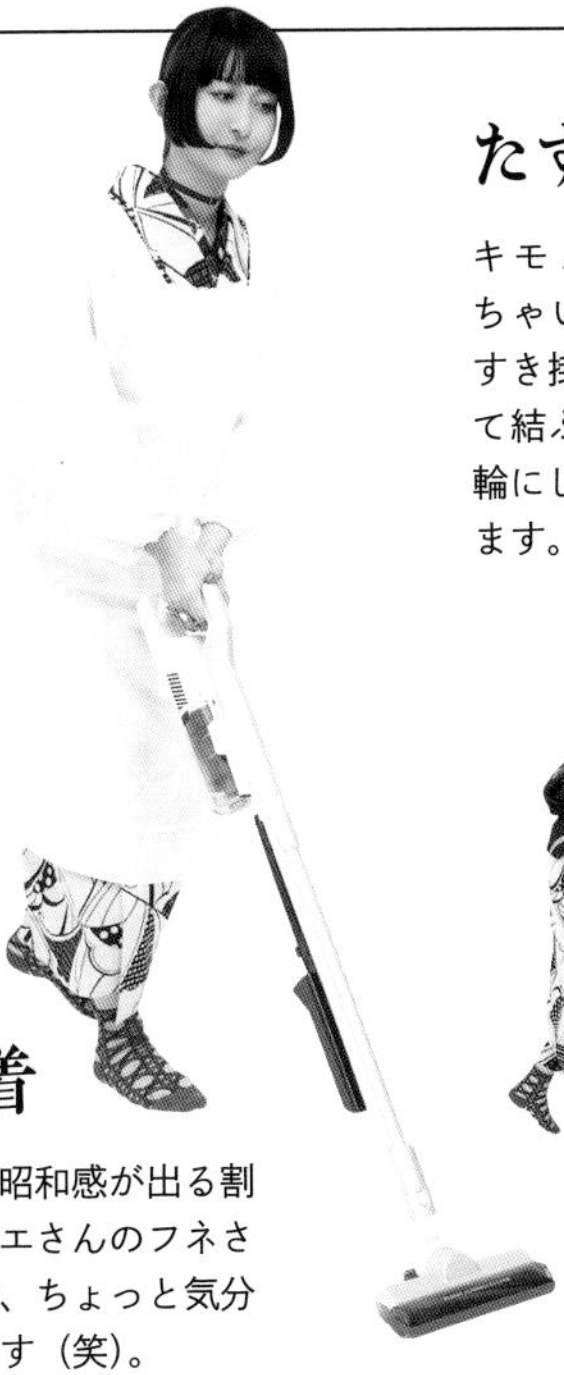

たすき掛け

キモノを着てから何かしなくちゃいけなくなったときに、たすき掛けができると便利。咥えて結ぶ方法はできないので、輪にしてから装着しています。

割烹着

着るだけで昭和感が出る割烹着。サザエさんのフネさんみたいで、ちょっと気分が上がります（笑）。

ホームコート

リサイクルキモノ店で発見。メッシュで可愛い＆帯までしっかりカバーしてくれます。今でもネットで購入できるようです。

COORDINATE 29

キモノは参戦服にもぴったり！

『あんスタ』概念コーデ

スタライコーデ♡
ヴァルハラに行きます

POINT 1

キャラをイメージできるアイテムはなるべく多く使いたいところ。歯車が見える時計はまさにぴったり。

POINT 2

フリルレースを愛する推しに捧げる帯飾りに。これは差し込むだけで付けられる簡単なもの。

『あんさんぶるスターズ！』というゲームに登場する、
「斎宮《いつき》宗《しゅう》」というキャラクターが推しのひとり。
ヴァPの名に恥じないよう、キモノでヴァルキリー概念を追求していきます♪
ネックコルセットとコルセットタイツはワインレッド。
一番好きな曲「魅惑劇」を意識してアンティーク時計モチーフを取り入れたり。
どこまで推しの概念を詰め込めるかが勝負！

POINT 4

トランプ柄の半幅帯。昔に買ったものでも推しのおかげで活用できて嬉しい。

POINT 5

ユニット衣装に合わせたワインレッドのタイツ。リボンのデザインも衣装を意識。

POINT 3

「時計じかけの～」という歌詞の曲があるので、ロンドンで購入した時計バッグが登場。ぬいぐるみは中に忍ばせます。

トランプレース浴衣／重宗玉緒　トランプ柄半幅帯／昔に購入　アンティーク帯締め／キモノ葉月 大塚　ヘッドドレス、ネックコルセット、タイツ／アビエタージュ　バッグ／ロンドンのアムデンタウンのお土産屋　シューズ／ドクターマーチン　時計／ノッティングヒル蚤の市　ネックレス／ロンドンで購入　ぬいぐるみ／あんさんぶるスターズ！グッズ

COORDINATE 30

「おしゃれしてきてね」に応えたい！
派手め訪問着コーデ for 友人の結婚式

POINT 1

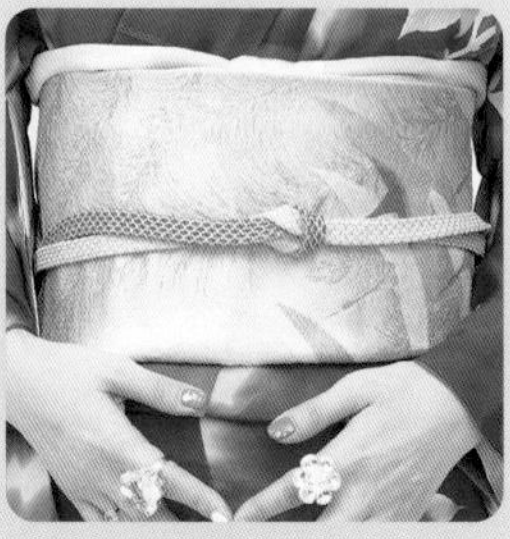

こちらはおじいちゃんが、おばあちゃんのために買ってあげた袋帯。ブルーの鶴がモダンで今でも古さを感じさせません。

POINT 2

フォーマルさを出すには、やはり白足袋と白い草履。

動画はこちら

おしゃれな新婦にふさわしい装いを♪

POINT 3

一見フォーマルさのあるアクセサリーですが、パールのイヤリングには顔、指輪には蜂がついているのが私らしい。

友人という立場で出席する結婚式の場合、式の形式や他の出席者とのバランス、そして主役の要望にお応えするのがマナーだと考えています。このときは「着物でおしゃれしてきてね♡」とのことだったので、演歌歌手の衣装だったというリサイクル訪問着を主役に、華やかなスタイリングにしました。

リサイクル訪問着／きものBebe　鶴の袋帯／祖母のお下がり　帯揚げ／銀座いせよし　帯締め／龍工房　イヤリング／シスター社　フォーマル用草履／コンサバ期に購入　ボタニカル柄タッセルかんざし／アンドリーニャ　チョーカー／ミルハエ　蜂の指輪／kemuri装飾店

ARRANGE

色数抑えてシックにまとめる

訪問着を普段着に

アンティークの訪問着を普段着っぽくカジュアルダウン。カジュアルといっても訪問着の上品さは残しておきたいので、色数を抑えてシックにまとめました。身丈が短いので、おはしょりを出さない対丈《ついたけ》で着ています。

訪問着だって、
普段に着てもいいじゃない

足もとは歩きやすいカフェ草履。ダークカラーの草履は出番は少なめですが、あると便利。

裄が短いときはアームカバーを装着。同色系で馴染ませています。

アンティーク訪問着／きものなかむら東京店　名古屋帯／MIKAZO商店　アンティーク帯締め／キモノ葉月 大塚　半衿にしたアンティークはぎれ／不明　カフェ草履／菱屋カレンブロッソ　アームカバー／靴下屋　カチューシャ／ザーカヴィンセント　ピアス／シスター社　バッグ／フワリ　リング／Janti Jewel

ARRANGE

さんかく的セミフォーマル

おばあちゃんの訪問着で入学式へ

訪問着には袋帯といわれていますが、フォーマル過ぎても浮いてしまいそう……。そこでエルメスのスカーフをリメイクした名古屋帯をチョイス。品格を保ちつつ、ほどよいフォーマル感を出しました。式典当日は、慌てないためにも着付師さんにお願いするのがおすすめ。

山柄に「大きく育って」という願いを込めて

普段はほぼ銀座結びですが、フォーマルシーンはお太鼓結びで。プロに任せると安心です。

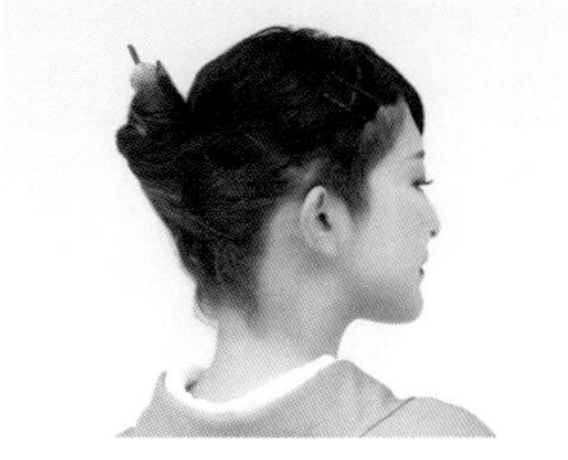

かんざし1本で夜会巻きにしてフォーマル感を演出。といいつつ学校だから定規のかんざしを選ぶという遊びも忍ばせました。

山柄訪問着／祖母のお下がり　名古屋帯／エルメスのスカーフを帯にリメイクしたもの　帯揚げにしたアンティークはぎれ／ランコ　帯締め／龍工房　バッグ／ブルガリ　フォーマル草履／コンサバ期に購入　定規かんざし／アンドリーニャ

COLUMN 1

田舎でキモノを着ること

秋田の実家に帰省すると、つい蔵の中や祖母の部屋を見てしまう。既にかなりの数の着物を借りているはずが、まだ色々な着物が出てくるのだ。

昭和一桁生まれの祖母の若い頃は自由恋愛ではなくお見合いだったらしい。それでも祖父が買ってあげたという素敵な着物がわんさか出てきたので、結婚してから大事にされていたのかしらんと思うと嬉しい。

夏の帰省、夜は地元の友人たちと食事に行く予定があったので、浴衣で行くことにする。ところが父から「花火大会でもないのになぜ浴衣なのか。恥ずかしくないか」と声をかけられてしまう。わかる。とてもわかる。田舎では目立つことが悪であり、人と違うことをするとこのように言われがちだということはよ〜く知っている。こんなにキモノを着ている私にそれを言うか……?!　とは思ったが、つくづく「田舎で着物を着る」というのはハードルが高いと痛感する。

しかし人間は慣れる生き物なので、おそらく私が実家に住んでおり、毎日キモノを着て生活していたらそのうち何も言わなくなるに決まっている。見慣れたものに安心してきて、さらには「今日は着物じゃねなが（着物じゃないのか）？」と言ってくるはずである。

もし私が実家に住み、秋田でキモノ生活をしようと思ったら、とにかく毎日地味なキモノを着ることから始めるであろう。紬や木綿の普段着で「あの人は着物の人」ということに周囲を慣れさせる。最初は何やら言われるかもしれないが、渋いキモノであればスーパーでもコンビニでもそのうち目が慣れてくるはず。これはこれで〝いかに目立たなく、かっこよくキモノを着るか〟というテーマが生まれなかなか楽しそうである。

「なぜか着物の人」が定着したら、たまには派手なアンティーク着物を着て出歩けばいい。仮に他人に眉を顰《ひそ》められるようなことがあっても、そんなことは気にしないでよい。迷惑をかけていないのだから堂々としていれば文句も言われない。人は人を見て文句を言いますから。

「師範になって着付け教室を始める」というのもいいかもしれない。そしたらキモノを着ていても「着物の先生だから」ということで周囲の視線もだいぶ柔らかくなるだろうし、もし生徒さんがついたら着物人口が増えてラッキー♪　東京にいると、身近に素晴らしい着物の先生が沢山いらっしゃるのでそんな考えは持たないが、環境が変わればまた、心持ちが多いに変わるだろうなぁ。

COLUMN 2

海外でキモノを着ること

「日本以外の場所で着物を着ていると周りの反応はどうですか？」とよく聞かれるのですが、私個人の感覚としては「たまにお褒めいただく」程度です。ちょっと言いにくい話ですが……。

ほとんどの人はそもそも日本に興味がない。そして着物＝日本、となる人も実はそこまで多くない。他人がどんな格好をしていても気にしないという点に関しては、海外のほうが強いのではないかと思う。もちろんたまには「ビューティフル！」と声をかけられ写真を頼まれることもありますが、そこまでよくあることではないと感じる。

我々も、街中で華やかなサリーを着こなす方を見て、わざわざ声をかけて写真を撮ったりはしないのでは？ インドが大好きで、「もっとインドを知りたい、ふれあいたい」という心境だったら声をかけてしまうかも。とまあ、そんなもんじゃないかと思う。

もちろん、どの国、どんな場所にいるかで反応は変わるので一概には言えませんが、アジア、ヨーロッパ、アメリカなどで過ごした感想は「そんなにみんな着物を気にしない」。実際に住んだらまた感想は変わりそう。

逆に日本で着物を着ているほうが、外国人からの声をかけられる率は高い。そもそも彼らは日本に少なからず興味があって来日しているので「日本っぽいものが見たい」わけです。銀座は特にそれが顕著で、先日友人の結婚式に出るため、おめかしキモノで銀座を歩いていたところ、老若男女国籍問わず観光客の方からの「写真撮らせて」のお声がけ。まるで動物園のパンダ。華やかな訪問着を着ているほうが声かけられ率は高く、地味な着物は人気がない実感。

とはいえ海外で着物を着ていると、日本で着物を着ている時と同頻度くらいにはコミュニケーションが生まれたり、親切にしてもらえるとも感じます。そして何より自分が楽しい！ 防犯に気をつけつつ様々なシチュエーションでキモノを楽しみたいと思う。

さんかく流
海外旅行キモノパッキング

キモノ：しわになりにくい、洗える素材をセレクト。ウール、ポリエステルのキモノや麻や綿の浴衣を畳んで圧縮袋に収納。

帯：昼夜帯やリバーシブル帯など、１本で２スタイル作れる帯をセレクト。

半衿：２枚重ねてつけておくことも。翌日は上の衿を取るだけで変えることができて便利！

着付け小物：腰紐やピンチなどはまとめてジップロックへ。

履物：必要性がなければ草履は持っていかず、海外の道も歩きやすい靴で。

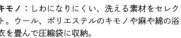

さんかくキモノQ&A

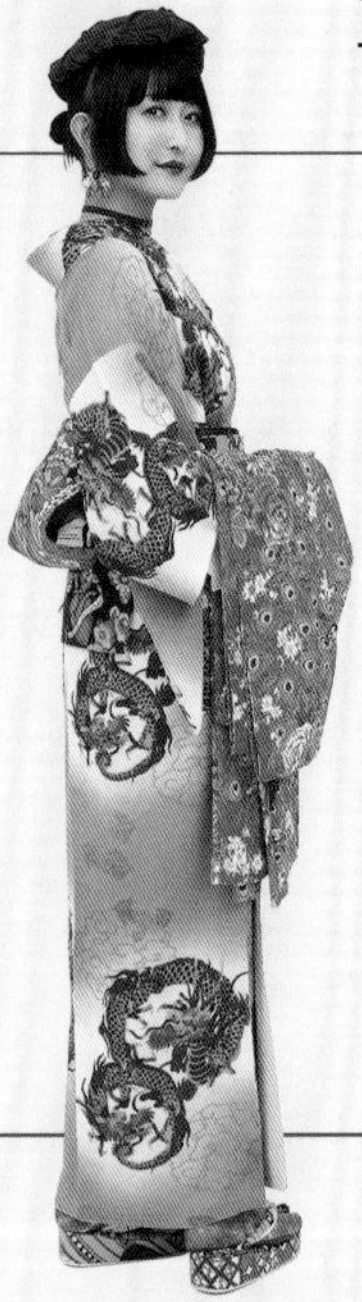

Q. 着崩れしたら どうすればいいの？

A. 着崩れやすいのはやっぱり衿と裾。私も衿の着崩れには長年悩まされました……（今は伸縮包帯のおかげで崩れません）。衿が崩れた場合は脇の部分から左手を入れて右の衿、右手は左の衿を持って左右に引きます。裾の崩れは、腰紐をしているところに手を入れて、帯の上の方に向かって突っ込みます。

Q. TPOについて もっと教えて！

A. あくまで私の場合ですが、礼装のマナーは絶対に守ります。それ以外、お出かけ着と普段着はあまり区別していないかも。例えば同じ浴衣でも、近所には角帯でラフにして、お出かけのときはギラヘコにするなど、コーディネートでおめかし度を調節しています。

Q. キモノを着ている 友だちがいないので、 私だけ浮きそう……

A. 浮いてもいいじゃない！と思いつつ、心配だったら「キモノで行ってもいい？」と相手に聞くのがいちばんだと思います。相手に嫌な思いをさせてまで着るものでもないと思うので。キモノ友だちを作りたいのであれば、顔出ししなくてもSNSで発信したり、センスが合うと思う人の投稿に反応したりしていくと、交流が生まれると思います。

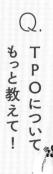

CHAPTER 4

巻末キモノ情報

着付けに必要な道具

便利な着付けグッズなども世の中にはたくさんありますが、
さんかくが使うのは超最小限。
できるだけ使っていて気分が上がるものをチョイス。

キモノと襦袢

コーディネートの核が決まります。キモノには格式があるので、フォーマルな場所に行くときは選び方に気を付けます。

帯いろいろ

袋帯

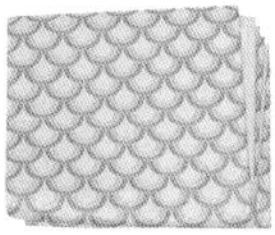

名古屋帯

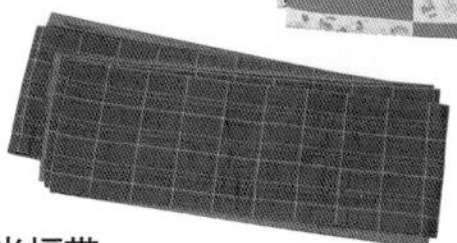

半幅帯

キモノに合わせる帯の種類もさまざま。お出かけ先のTPO、コーディネートのテーマ、その日の気分などで選びます。

着付けに使う小物

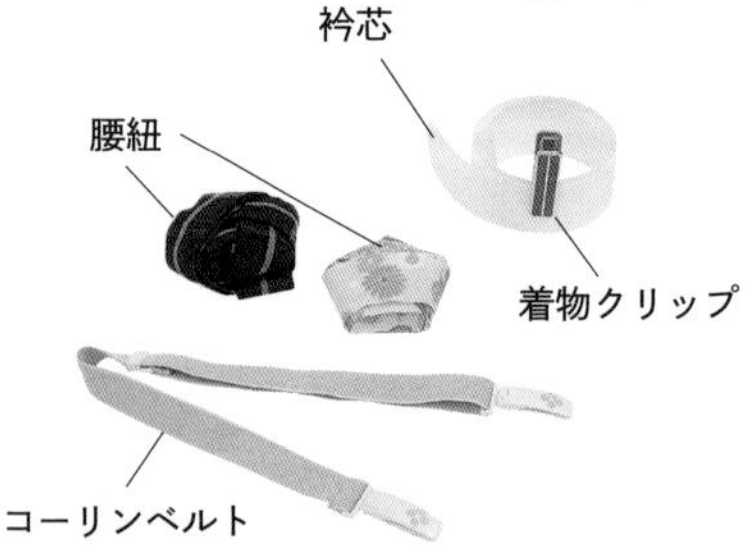

着物は腰紐1本とコーリンベルトがあれば着ることができます。衿芯は襦袢の衿に通しておきます。もう1本の腰紐と着物クリップは銀座結びのときに使います。

可愛い帯板たち。ベルト付きとなしのものがあり、半幅帯や兵児帯のときはベルトなし、銀座結びにするときはベルト付きを使用しています。

覚えておきたいキモノのコトバ

独特の用語が多くて最初は戸惑うと思いますが、
覚えると便利な言葉をご紹介。

着物衿《えり》

そのまま着られる「バチ衿」と、自分で折って着る「広衿」があります。

半衿《はんえり》

襦袢につける衿のこと。

衣紋《えもん》

衿の後ろの部分。「衣紋を抜く」とは、衿を後ろに下げて首から離すこと。こぶし1つ分といいますが、もっと抜いてもOK。

帯揚《おびあ》げ

帯締《おびじ》め

桁《ゆき》

首の真ん中から手首の骨までの長さ。桁が足りないときはアームカバーなどをすれば◎

おはしょり

腰紐を基点に折り下げた部分のこと。帯の下から見えると良いといわれていますが、さんかくは見せないことが多いです。

振《ふ》り

袖の縦の長さのこと。振りが長いとエレガントな印象に。

たれ

帯の片側の端。もう片方の端は「て」といいます。

裾《すそ》

正装の場合は床スレスレにしますが、普段着のときはコーディネートに合わせて長さを決めます。

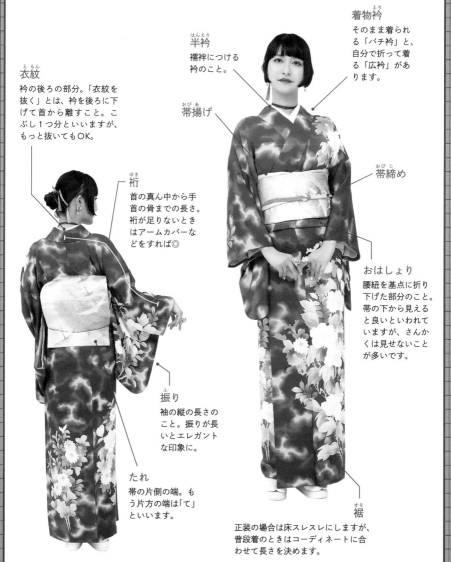

さんかく流
キモノの着付け

キモノを着るときの手順は、おもに下図のように分けられます。
洋服の上から着る場合は、襦袢を着なくても着ることができます。
あらかじめ手順を頭に入れておくとスムーズです。

インナーを着る

カップ付きキャミソールとTシャツ（冬はヒートテック）を着ます。

←

1 洋服を着る

タートルネックやシャツ+スカートなど夏場はワンピースを着ることも多いです。

or

1 襦袢を着る

半襦袢、長襦袢などいろいろな種類があります。さんかくが使用している襦袢については77ページへ。

←

2 キモノを着る

キモノを重ね、腰紐をしてからコーリンベルトで衿を決めて整えます。

←

3 帯を巻く

半幅帯や名古屋帯などの帯を巻きます。必要に応じて、帯締めや帯揚げを結びます。

←

完成!!

実はとても
シンプルなのよ

1 襦袢を着る

汗からキモノを守り、着崩れを防ぐ効果もある半襦袢。さんかく流は、袖を切って、包帯をつけたもの（77ページ参照）を使用しています。

① 半襦袢をはおり、衿先を持って左右の高さを揃えます。

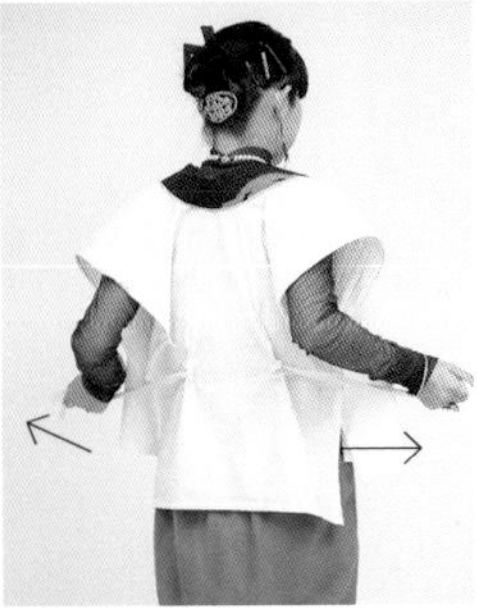

② 後ろの身ごろを引いて衣紋を抜き、背中につけた包帯を前に回します。

③ 包帯を前で結びます。これで衣紋の抜きが固定されます！

④ 右手側の衿を左脇に向かって合わせます。

⑤ 左手をかぶせて衿の角度を決めます。角度はお好みでどうぞ。

⑥ 衿先につけてあった包帯を背中に回し、背中の中心でクロスさせ、前に持ってきて結びます。

参考動画

2 キモノを着る

いよいよキモノを着ます。衣紋の抜き加減や半衿の出し具合によって印象が変わるので、理想の姿をめざして整えましょう。

①キモノをはおるときは写真のように衿を持って準備します。

②衿の幅が広いタイプ（「広衿」といいます）の場合は半分幅に折ります。スナップボタンや折る用の糸がついていることもあります。

③キモノをはおり、写真のあたり（衿にある縫い目「掛衿」）を持ち、左右の高さを合わせます。

動画はこちら

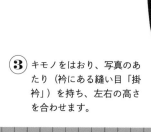

④ 左右の衿先付近を持って、裾が床につかない高さ（もっと短くてもOK）まで持ち上げます。

⑤ キモノは右が下で左手が上。まずは右手を左側の腰に巻きつけるようにあてます。

⑥ 左手をかぶせたら、裾が落ちないようにすかさず腰紐をあてます。

⑦ 腰紐は背中でクロスさせてから前に回し、前でからげます（結んでも可）。

⑧ 背中側からおはしょりを整えます。脇の空いている部分に手を入れて、手刀を切るようにトントンと伸ばします。

おはしょりの長さは気にしない！

⑨ 前のおはしょりも、同じところから手を入れてトントンし、整えます。布がもたついていなければOK、長さは気にしません。

⑩ コーリンベルトを持ちます。

⑪ 右手側の衿にコーリンベルトを挟み、脇（「身八つ口」といいます）から出します。

⑫ 出したベルトを背中から回し、左手側の衿に挟みます。このとき挟んだ高さが左右同じになっていることが重要です（バラバラだと、衿が動いちゃうのです）。

帯を巻いたら
⑬ 完成！

一般的には伊達締めを締めてから帯を巻きますが、なるべく少ない手順で着るのがさんかく流です。簡単な帯結びの方法は次のページで紹介します。

さんかく流帯結び
リボン文庫

キモノを始めるなら一番最初に覚えたい、半幅帯の定番の結び方。リボンを大きめに作るのがさんかく流です。

① 帯を持ち、幅を半分に折ります。そのまま自分の肩幅くらいの長さを測り、右肩に乗せます。

帯ではなく
自分が回ると
きれいに巻けます

② 肩から落ちないように押さえながら、帯を右から左に巻いていきます。

③ 1周巻いたらさらにもう1周巻きます。

④ 肩にかけていたほうを左手に持ち、両手でしっかり帯を締めます。

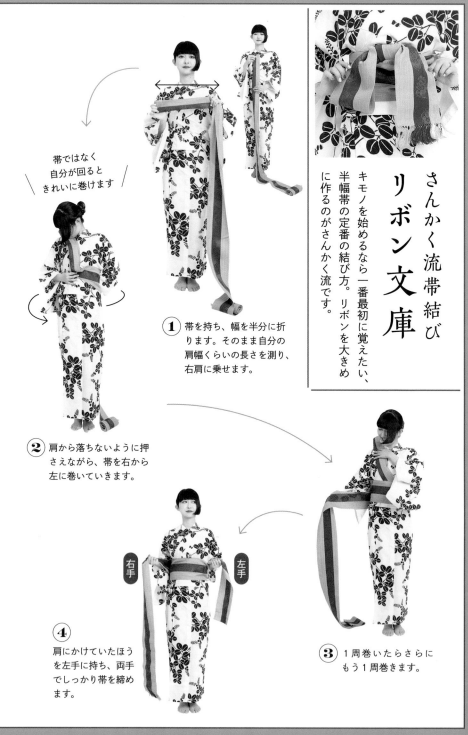

⑤ 左手の帯を上からかぶせるように交差させ、下から上に引き抜いて結びます。しっかり上下に引くことで帯が緩みにくくなります。

⑥ 下に垂れた方の帯を50cmぐらいの長さに折って真ん中をつまみ、リボンの形を作ります。上側の帯をつまんだ部分にかぶせて下からくぐらせ、上に向かって引き抜きます。

⑦ 引き抜いた帯をくるくると巻き、帯と着物の間に入れます。

⑧ 羽を整え、右手はリボンの中心、左手は背中の真ん中を持って右方向に回します（逆方向に回すと、衿が崩れてしまうので要注意）。

⑨ 前を整えたら完成です。

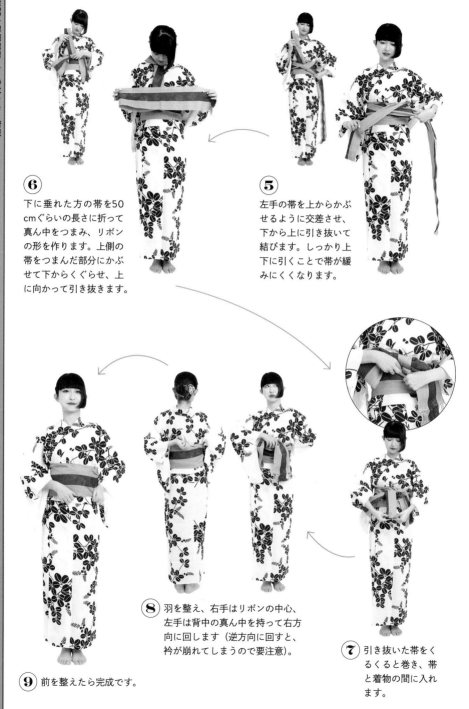

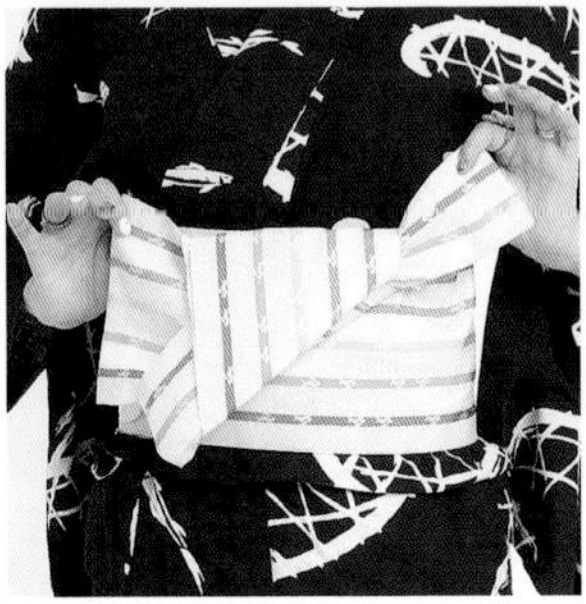

貝の口

半幅帯を使った、簡単で形崩れしにくい結び方です。普段着はもちろん、浴衣でのお祭りなど、幅広いシーンに使えます。

① 左手側を40cmぐらい取って2周巻いたら、両手でしっかり締めます。

② 右手側の帯を上からかぶせるように交差させます。

③ かぶせた帯を下から上に引き抜いていきます。

④ 引き抜いた帯を内側に折り、40cmぐらいの長さになるようにします。

⑤ 折ったほうの帯を下におろし、
斜め右に向かって折り上げます。

⑥
折り上げてできた穴に
下の帯を通します。両
手で端をキュッとひっ
ぱり、整えます。

⑦ 右手で結んだ部分、左手で
背中の中心を持ちます。

ちょっとずらして
幅広に♪

⑧ 右方向に回してできあがり。
帯の前側をずらせば、幅を
広く見せることもできます。

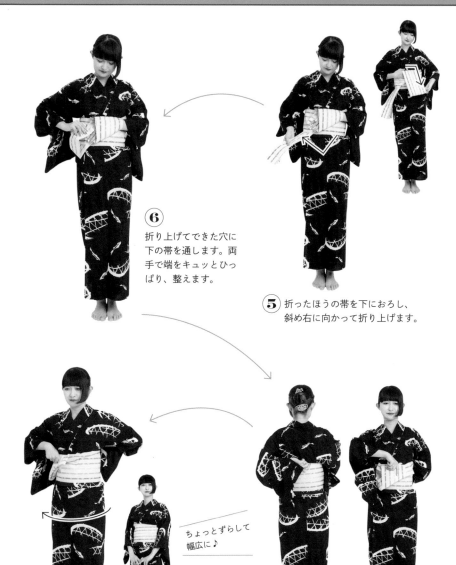

SANKAK RECOMMEND KIMONO SHOP

さんかくオススメ ショップ紹介

and more!

キモノを買う=呉服屋さん……だけではないんです。
リーズナブルなリサイクルや可愛いアンティーク、
個性派ブランドなど、キモノの世界を広げてくれた
偏愛ショップをご紹介します。

✔ 自分らしいスタイリングをつくるためには

まずはいろんなお店で、たくさんのキモノを見ること。そうするとなんとなく自分が好きなタイプが分かってくると思います。心トキメク1着に出合ったら、それに合わせて帯や小物を選んでいく……別にキモノ用の小物じゃなくてもいいんです！　そうして脳内妄想をどんどん広げていけば、自分らしいスタイリングができるようになる、はず。

✔ 他のキモノ店に行く前に知っておきたいこと

数多あるキモノ店の中には、強めの接客をするところも存在します。イヤな思いをしないためにも、初めてのお店には1人でいかないようにするのがベター。「気に入ったけど、どうしようかな……」と迷ったときは、その場で決断しないのも一手。また通販の場合は画像とはイメージが違うこともある、ということを頭の片隅に置いておいて。

キモノ葉月《ハヅキ》大塚　東京・大塚

レトロなビルの２階にある、素敵なアンティーク＆リサイクルキモノ店。キモノは5,000円〜とリーズナブルな価格帯で、品揃えも圧倒的。店主の葉月さんのセンスが光っています。また作家さんが制作した１点モノの帯や帯留めなど、スタイリングのレベルが上がる小物も手に入ります。本書で紹介しているアンティークキモノは、葉月さんで購入したものが多いです。キモノの選び方など、分からないことも店員さんが親切に教えてくださるので、初心者さんにもオススメです。

東京都豊島区南大塚3-44-11 フサカビル2F
12時〜20時（※土日祝は要予約）
定休日：火曜、水曜
☎ 03-6709-4697
Instagram X：@uchinopotemayo

abilletage《アビエタージュ》　東京・原宿

大好きなコルセット専門店。オリジナルコルセットはゴシック系、シンプル系などバリエが豊富。お洋服はもちろん、キモノにも合わせやすくて愛用しています。またセレクトブランドのセンスも良く、個性的なセレクトブランドも豊富で、さんかくのコーディネートに欠かせないアイテムが揃います。コルセットはセミオーダーも可能で、着用方法なども親切に教えてくださるので、初めてさんでも安心です。

東京都渋谷区神宮前4丁目 28-8 原宿ホワイトハウス 2F
12時〜20時
定休日：不定休
☎ 03-6438-9987
Instagram X：@abilletage
https://www.abilletage.com/

kimono《キモノ》 tento《テント》 滋賀・大津

京都から電車で10分ほどの滋賀県大津にあるキモノ店。ブルーのウロコ壁の外観がとても可愛い！　広い店内にはアンティークからオリジナルの浴衣まで、たくさんのキモノや小物が揃っています。価格帯も半分が１万円以下と良心的♡　店主さんはじめスタッフの皆さんも優しくて、初心者さんのサポート体制もばっちり。男物や子どもキモノもあるので、家族でキモノデビューも楽しいかも!?　関東でのポップアップイベントにもよく出店しているので、そちらもチェックしてみて。

滋賀県大津市中央1丁目2-38
12時～18時
定休日：不定休
☎ 077-532-2190
Instagram：@tento_news　X：@kimonoyatento
https://www.kimonoyatento.com/

ROBE《ローブ》 JAPONICA《ジャポニカ》 東京・原宿

原宿にあるメンズキモノブランドの旗艦店。ウエオカタロー氏によるオリジナルデザインのキモノやアウターは、どれも度肝を抜かれるデザインや素材で、海外アーティストのファンも多数。さんかくはアウターや浴衣（女性用）を愛用しています。ファラオ柄やウツボ柄、黒魔術柄の浴衣なんて、他では絶対見つかりません！ メンズ用のアウターは身八つ口が開いていないので、防寒的な意味でも重宝しています。他の人と着こなしに差をつけたい男女共に推せるお店です。

東京都渋谷区神宮前３丁目25-6 サンビューティ原宿1F
12時～19時
定休日：水曜
☎ 03-6804-2780
Instagram：@robe_japonica
https://robe-japonica.com/

布と玩具 LUNCO《ランコ》

東京・目白

目白にある、アンティークキモノ界で知らない人はいない通好みの店。ここでしか出合えないような“凄い”アンティークキモノが見つかります。テーマが決まっている催事の初日は行列ができるほど。個性的なキモノや帯が多いのですが、価格帯も幅広く、半衿や帯揚げにぴったりなユニーク柄の生地や、アンティーク帯締めなど、親しみやすいアイテムもあるので安心して。ベテラン向けと思わせつつ、親切なスタッフの皆さんが優しく迎えてくださるのも嬉しいポイント。

東京都豊島区目白3-14-8 1F
12時〜19時
定休日：無休（年末年始、夏季休業、臨時休業あり）
☎ 03-3954-3755
：@lunco_kimono
http://www.lunco.net/

カラフルブティック モア

福岡・六本松

福岡にある、ヨーロッパヴィンテージのお洋服と日本のアンティークキモノが同時に存在する夢みたいな空間。店主のマドカちゃんは、いつもおしゃれで可愛くて素敵なのです。アンティークキモノは常時200点ほどあり、5,000円〜５万円、帯は3,000円から手に入ります。さんかくのいちおしは、キモノにも洋服にも合うオリジナルのリボンベレー帽と、海外のヴィンテージ生地でできた帯板。現在は月に１週間の限定オープンなので、SNSの情報をチェックしてから出かけてね。

福岡県福岡市中央区六本松1-4-33
12時〜19時（不定期営業）
定休日：不定休
☎ 092-707-0760
：@colorful_more　𝕏：@moremadoka
https://colorfulmore.com/

NUTTY《ナッティ》

大阪・南堀江

大阪のアメリカンアンティーク・ヴィンテージのお店。いちおしはヴィンテージのヘッドドレスや帽子。キモノに合わせると大正浪漫な雰囲気になれちゃいます♪　またカラフルなグローブやレトロなアクセサリーもキモノにぴったりでおすすめ。

大阪府大阪市西区南堀江1-24-1 澤井ビル2F
12時〜20時
定休日：不定休　☎ 06-6536-0114
：@nutty_vintage
https://nutty-vintage.com/

戻橋 modoribashi《モドリバシ》

京都・上京区

京都の着物パラダイス。３階はすべて500円で、掘り出し物を見つけたときの喜びは何ものにも代えがたいものがあります。１階には逸品のキモノやときに軍服やチャイナドレスまで！ また髑髏《どくろ》アイテムもたくさんあるところも♡　２階のフォトスポットも必見。

京都府京都市上京区中立売通黒門東入役人町237
13時〜18時
定休日：木曜、不定休　☎ 090-5977-6061
：@modoribashi237

きものなかむら東京店

東京・日暮里

日暮里繊維街にあるリサイクルキモノ店。本拠地の大阪から２日に１回は届くというキモノは、お手頃価格からちょっと「おっ」となるような素晴らしいお品まで揃っています。アンティークや振袖もリーズナブルで、思わず衝動買いしそうになることも。

東京都荒川区東日暮里6-44-3 米田ビル２階
11時〜17時
定休日：日曜、祝日、年末年始　☎ 080-2516-9669
：@k_naka_tokyo
：@KNakamura_Tokyo

きもの悠々《ユウユウ》 日暮里店

東京・日暮里

日暮里繊維街に行ったときに必ず訪れる店。「宝箱のようなお店」がコンセプトの通り、あらゆるジャンルのキモノや帯があり毎回新しい発見があります。お値段も段階別の均一料金（一部除外あり）で、買いやすいのも魅力。

東京都荒川区東日暮里5-23-9 東京日暮里ビル１階
11時〜17時
定休日：日曜、祝日　☎ 080-1517-8618
：@kimono_nippori
：@NipporiYuyu

MONO《モノ》 by《バイ》 TOMONOSUKE《トモノスケ》

盟友である福智知子 a.k.a.トモノスケちゃんのブランド。独自の色使いが特徴的な帯や半襦袢などのアイテムは一見派手ですが、不思議とどんなキモノにも合わせやすくて、自然とヘビロテに。地味めなキモノも一瞬でおしゃれにしてくれるアイテムばかりです。アシメ草履もお気に入り♪

Instagram：@monobytomonosuke
STORESにて通販あり

重宗玉緒《シゲムネタマオ》

着物・オブジェ作家の重宗玉緒さんによるブランド。「メメントモリ（死を想え）」というテーマそのものが好きなので、繰り出してくるアイテムもドンピシャ。モチーフはもとより、色使いもデザインも完全に好みです。自身の絵画をもとに制作するスタイルも独自性があって素敵。

Instagram：@tamamshi　X：tamaoshi
BASEにて通販あり

MIKAZO《ミカゾー》商店《ショウテン》

オール手縫いの名古屋帯などを手掛けるMIKAZO商店さん。布の選び方のセンスが抜群で、ミュシャや人形モチーフなど、ゴシックなテイストが感じられるところが好きです。すべて1点モノなので、誰ともかぶらず自分だけのスタイリングができるのも◎

Instagram：@mika_mikazo
BASEにて通販あり

Rumi《ルミ》 Rock《ロック》

エッジの効いたデザインで、長くカジュアルキモノ界をけん引しているブランド。こちらは何と言っても「ギラヘコ」が激推し！　カッコよくて締めやすくて、世紀の発明品だと思っています。全国各地のイベントにも出店しているので要チェックです。

Instagram X：@rumirockstore
https://shop.rumirock.com/
公式サイトにて通販あり

BabyDollTokyo《ベビードールトウキョウ》

Model 土屋アンナ

コルセットの女王・緑川ミラノさんが2000年から続けているブランド。撮影で見てひとめぼれしたコルセットを買ったところから、その魅力にハマりました。キモノ用のコルセットやバッスルも手掛けていらっしゃいます。

Instagram：@corset8beauty
X：@BabyDollTokyo
https://www.babydoll.tokyo
通販サイト「mirano BOTE」にて取り扱いあり

ヰ《イ》ロハ狐《ギツネ》

粋でカッコいいキモノ小物といえばこちら。渋く光る真鍮のかんざしや、帯留めはアンティークのキモノにもよく合います。通販他キモノ葉月さんでも取り扱いあり。うれしいことにさんかくコラボデザインもあり、イベント限定で手に入れることができます。

Instagram：@irohagitsune
X：@168gitsune
通販はDMでお問い合わせ可

MILHAE.《ミルハエ》

“アウターランジェリー”を提案するガーターベルトとレッグウエアのブランド。こちらのガーターバンドをチョーカーとして愛用しています。デザインの優美さはもちろん、長さを調整でき、首にジャストフィットさせられるのがお気に入り♪

Instagram X：@mil_hae
BASE、アビエタージュ公式サイトにて通販あり

Andorinha《アンドリーニャ》

インパクトのあるアクリルアクセサリーブランド。デザイナーさんがヴィンテージ好きなためか、レトロさを感じさせつつも想像のななめ上をいくデザインに惹かれます。オールハンドメイドの丁寧なつくりで、軽くてつけ心地がラクなのも、愛用する理由のひとつ。

Instagram：@iloveandorinha
BASEにて通販あり

HOW TO CARE

キモノのお手入れについて

基本的には洗わない

キモノは絹でできたものが多く、自分で洗濯することはまずありません。特にアンティークは生地自体が古く、洗うことで布が裂けてしまうことも。汚れやシミをつけてしまったら悉皆《しっかい》屋さんなど専門業者に相談します。

浴衣は洗濯機で洗えるものも

浴衣は綿や麻、化繊なので自宅でのお洗濯が可能。手洗いでももちろんOKですが、ネットに入れて洗濯機へポンしても案外大丈夫です。干すときにしっかりシワを伸ばすとアイロンがラク。

\ 帰宅後のステップ /

浴衣　キモノ

脱ぐ
帰ったら速攻で脱ぐことが多いです。開放感！

洗う　動画はこちら
スラックス用ネットに入れて洗濯機へポン！

干す　動画はこちら
着物用ハンガーに掛けて干します。アイロンは……しないことも多い。

干す
着物用ハンガーに掛けて干します。帯も忘れずに。

畳む
畳み方も動画があるので検索してみてね。

収納
キモノ用本棚に収納。見せる収納なので虫干しいらず。

あなたをキモノ沼へ誘う作品たち

キモノをはじめとする自分の趣味嗜好に、多大なる影響を与えた作家とその作品を厳選してご紹介します。

山岸凉子『常世長鳴鳥』

キモノに憧れを持った原点。小学生の頃に従姉妹に借りて読んだのですが、人間の業、古事記の美しさ、あやかしの哀しさといったものを初めて知り、すっかり虜《とりこ》に。美少女のぞろりとしたキモノ姿に憧れたり、『時じくの香の木の実』で夏の透けるキモノを知り、なんてかっこいいの！ と衝撃を受けたり……。キモノへの憧れが奇《あや》しい世界観と共に植え付けられた作品たちには、今でも感銘を受けます。

杉浦日向子『ゑひもせす』

江戸好きの母の蔵書にあり、初めて読んだときは本当にタイムスリップしたような衝撃を受けました。江戸のアイドル吉原の花魁と客のやりとり。浮世絵そのままのような絵画的な美しさ……。他にも江戸時代を舞台にした作品は読んではいたものの、ここまで深く江戸の中に潜れる作品は初めてでした。花魁たちの座り方、かんざしの扱い方などの描写だけでも「キモノってかっこいい！」となるのに十分。

楠本まき『致死量ドーリス』

ゴスと耽美の女王。どの作品も時代や世界を超えて愛されていますが、本作のかっこよさは別格！　ファッション、言葉、印刷に至るまで全てが鮮烈です。出てくるファッションを恍惚の想いで見つめたものです（登場人物の退廃的な生活に憧れたりしてね）。『T.V.eye』を読んでポラロイドカメラを買い、『Kの葬列』でゴシックファッションに傾倒するなど、どの作品も私自身に大きな影響を与えています。

白洲正子『きもの美　選ぶ眼 着る心』

この本の凄いところは“あの白洲正子さん”が書かれているものなのに、決して私のような庶民も着物から遠ざけないところ。「衣替えで去年の着物を取り出す時、まるで新しいもののように感じる」とか、首がもげるほどうなずけます。若さを讃えつつも「歳を重ねてから着物の素晴らしさがわかる」と語るくだりは、もはや文字が光って見えました。私がキモノを着る上での心の教科書です。

幸田文『きもの』

「るつ子さんは今にきっと、いい着手になりますよ」。キモノを着ることにも才能があるのか！　と驚いたこの作品は、明治から大正〜関東大震災の時代に幼少から着るものにこだわりのあった主人公、るつ子が成長していくお話。「誂えの足袋」「銘仙の学生着」「鹿子の長襦袢」など、キモノ沼の住人にはたまらない描写の洪水。キモノが生活と共にある時代の工夫なども大変面白く読めます。

横溝正史『犬神家の一族』

“大正時代の凶々しい因習村”は大好きなジャンルなのですが、その源流が金田一耕助シリーズではないかと思っています（世代的には金田一耕助より金田一少年を先に知りましたが……）。猟奇的な事件とそこにうごめく泥沼人間関係というのがエンタメとしてとっても楽しい。時代が時代なのでもちろんキモノも着ています。こういう世界に憧れたから令和の今、キモノを着るときでも「ちょっと毒がある」コーデが好きなんだろうなと思います。

鈴木清順『ツィゴイネルワイゼン』

『陽炎座』『夢二』と共に“浪漫三部作”と呼ばれた鈴木清順監督の作品。日本映画の最高傑作と国内外から呼び声が高すぎるので、キモノ好きであるなしにかかわらず観て損なし。俳優さんたちの凄みのある美しさに圧倒され、キモノをはじめとした幻想的な色彩に恍惚とさせられる、まさに“絢爛絵巻”。話が難解でちゃんと理解できてない気もしますが、個々の楽しみ方ということで、いつも絵巻物を眺めるつもりで楽しんでいます。

椎名林檎『百色眼鏡』

3rdアルバム『加爾基 精液 栗ノ花』をイメージした短篇映画。発売当時は林檎様にどっぷりハマっていたので、待ちきれず家に着く前にDVDとCDを友達と開いて歌詞カードを眺めたりしていた思い出があります。こちらも絵巻物を見ている感がありますが、短編なので疲れすぎない。キモノやお部屋のしつらえにときめきが止まらないなか、林檎様の歌声が世界観を完成させてきて身悶える感じです。

#さんかくキモノのススメ

みなさまのキモノ姿をご紹介

「さんかくの影響でキモノを始めた」「コーデを参考にしています」そんな声をいただくようになりました。ぜひその姿を見てみたい、みんなで参考にしあいたい……そんな思いを込めて始めた「#さんかくキモノのススメ」インスタ投稿キャンペーン。その中から一部のお写真をご紹介します。

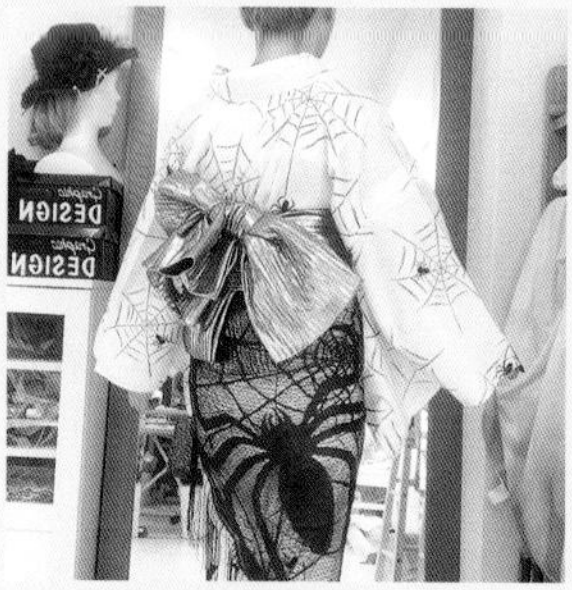

@mapuana22

@193love

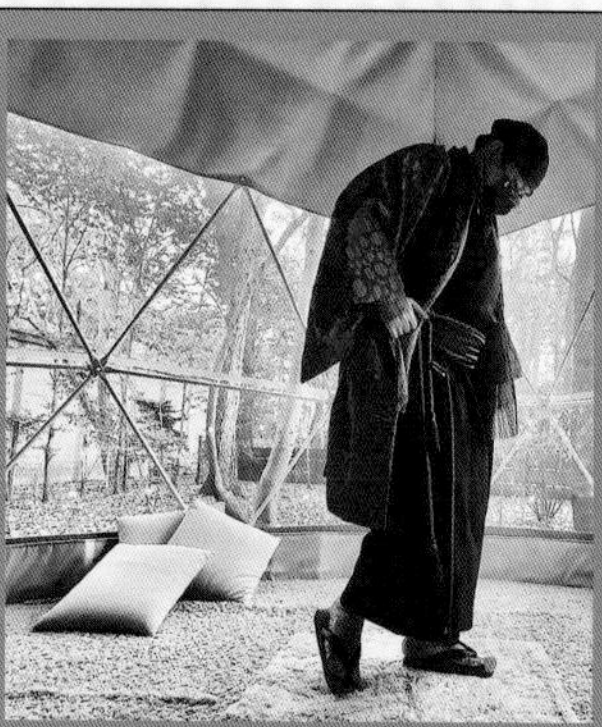
@studioyoyoyo

@kopisunobo

@cherry35jp

@kimono_m_m_

@mikuron39

@umi_kimono_

@grandma_kimono

@nagi_tsukiko

@scholl_kimono.wasou

@chatnoir9517

@whitekuma126

@kimonolove2020

@eci.nco.uco_kimono

#さんかくキモノのススメ

@sumiphotogram

@akebi_mugen

@shizuki1118

@0o.rihito.oo

@chix2rokimono

@hiro_chocolat_h

@miu_no_kimono

@bajiko3

@guruugs

@aaa.ra.re

@keita_usagi3

@afternoon_counterattack

@takakoabe_kimono

@chinaminn1584

@sari_is_really_into_kimono

@karin_suzuran

さんかく

秋田生まれ東京在住。着付けの動画を作っているキモノ好きのフォトグラファー。隠れ家スタジオ「蕾写真館」主宰のひとり。2023年に投稿した着付けの動画がバズり、キモノインフルエンサーとしてトークイベントの出演、雑誌への掲載ほか、アパレルブランドや企業とのコラボレーションなど幅広く活動している。

X／Instagram／TikTok／YouTube　@sankak_kimono
note　https://note.com/sankak/
蕾写真館　http://tsubomiphoto.com/

STAFF

撮影　黒井ひつじ
　　　奥本昭久
　　　Wataru
　　　さんかく
Special Thanks　福智知子

取材・文　橘川麻実
デザイン　眞柄花穂、石井志歩（Yoshi-des.）
DTP　天龍社
校正　鷗来堂
編集　梶原綾乃

さんかくキモノのススメ

著　者　さんかく
編集人　栃丸秀俊
発行人　倉次辰男
発行所　株式会社主婦と生活社
〒104-8357　東京都中央区京橋3-5-7
TEL　03-5579-9611（編集部）
TEL　03-3563-5121（販売部）
TEL　03-3563-5125（生産部）
https://www.shufu.co.jp
製版所　東京カラーフォト・プロセス株式会社
印刷所　大日本印刷株式会社
製本所　株式会社若林製本工場

ISBN978-4-391-16174-8

落丁・乱丁の場合はお取り替えいたします。
お買い求めの書店か、小社生産部までお申し出ください。